DER ZWEITE WELTKRIEG
DER SEEKRIEG
Schlachtschiffe und U-Boote

MOEWIG

Der Aufbau der Kriegsmarine

Der Oberleutnant zur See Karl Dönitz war im Juli 1919 aus englischer Kriegsgefangenschaft zurückgekehrt. Das Wrack des U-Bootes UB 68, dessen Kommandant er gewesen war, rostete fünfzig Seemeilen vor dem sizilianischen Kap Passero auf dem Grunde des Mittelmeeres. Der Heimkehrer Dönitz suchte den Personalreferenten des Stationskommandos Kiel der neuen Marine auf und fragte: »Glauben Sie, daß wir bald wieder U-Boote haben werden?« Der Referent glaubte das: »Das bleibt ja nicht alles so«, schätzte er, »in etwa zwei Jahren werden wir wieder Boote haben.« Diese Antwort genügte Dönitz, und bald darauf führte er ein Torpedoboot der »Vorläufigen Reichsmarine«. Diese bestand seit dem 16. April 1919, nachdem Reichspräsident Friedrich Ebert von der Nationalversammlung ermächtigt worden war, das bestehende Heer aufzulösen und eine »Vorläufige Reichswehr« zu bilden. Chef der Admiralität wurde der Konteradmiral Adolf von Trotha, seine rechte Hand war der Kapitän zur See Erich Raeder. Die Marinestationskommandos Ostsee und Nordsee gingen sofort daran, aus Freikorps eine Anzahl von Freiwilligenformationen, darunter zwei Seefliegerabteilungen und zwei Marinebrigaden, aufzustellen, doch ihr Aufbauprogramm wurde jäh von den Bestimmungen des Versailler Vertrages durchkreuzt. Seeflieger – wie Militärfliegerei überhaupt – und U-Boote waren strikt verboten. Die Personalstärke der Marine durfte 15 000 Mann nicht überschreiten. Erlaubt blieb eine Küstenverteidigungsflotte von sechs alten Linienschiffen, sechs kleinen Kreuzern, zwölf Zerstörern, zwölf Torpedobooten und einigen kleinen Hilfsschiffen. Ersatzbauten waren für solche Schiffe erlaubt, die ein Alter von zwanzig Jahren erreicht hatten – das Deplacement (die Wasserverdrängung) durfte aber bei Linienschiffen 10 000 Tonnen und das Geschützkaliber 28 cm, bei Kreuzern 6000 Tonnen und das Geschützkaliber 15 cm, bei Zerstörern 800 Tonnen und bei Torpedobooten 200 Tonnen nicht übersteigen. Am 1. Januar 1921 – nachdem die vom Versailler Vertrag bestimmten Stärken erreicht waren – setzte unter Vizeadmiral Paul Behncke die Konsolidierungsphase ein, unter Schwierigkeiten, die er so beschrieb: »Zerrüttung der Währung, wirtschaftlicher Niedergang, Kohlen- und Ölmangel, noch keineswegs gefestigte Disziplin, die Überwachung durch die alliierte Kontrollkommission«. Seine »Richtlinien über die beabsichtigte Verwendung der Seestreitkräfte im Kriege« umrissen die künftigen Aufgaben der Reichsmarine: »Die Freiwasserschlacht steht nicht mehr überwiegend im Vordergrund, sondern der Kleinkrieg im begrenzten Gewässer. Sperrung enger Fahrstraßen mit allen Mitteln, Bekämpfung von U-Booten und Angriff des in die Enge der Ostsee eindringenden Gegners unter vollem Einsatz von allem, was schwimmt, sowie Abwehr eines unsere Festungen oder Stützpunkte von See aus angreifenden Feindes sind die vorauszusehenden Aufgaben ...« Die Marine hatte ihre Ziele und begann mit der Kleinarbeit des Alltags. Ihr Personal – ausschließlich Freiwillige – war aus einer großen Zahl von Bewerbern ausgesiebt worden; wie auch das Reichsheer fühlte sich die Reichsmarine als Kader für eine spätere, größere Streitmacht. Nach reichlich drei Jahren bildete die Reichsmarine bereits eine homogene Einheit, ständige Gefechtsübungen und gründliche Ausbildung ließen die Besatzungen zusammenwachsen. 1924 wurden unter dem neuen Chef der Marineleitung, Vizeadmiral Hans Zenker, die schwimmenden Verbände unter dem »Oberbefehlshaber der Seestreitkräfte« zusammengefaßt, dem der »Befehlshaber der Linienschiffe« und der »Befehlshaber der Aufklärungsstreitkräfte« unterstanden.

Begegnung zweier Welten: Rendezvous eines Segelschulschiffs aus der „guten alten Zeit“ mit einem U-Boot der deutschen Kriegsmarine (Bild rechte Seite). Die deutsche Flotte war bei Kriegsbeginn „untergerüstet“. Die beschränkte Rohstofflage des Deutschen Reiches machte es unmöglich, zugleich das Heer, die Luftwaffe und die Marine aufzurüsten. Ihr Chef, Großadmiral Erich Raeder (Bild links), war als Mann der alten Schule ein hartnäckiger Verfechter der „Überwasserstrategie“. Am 30. Januar 1943 wurde Raeder nach Differenzen mit Hitler durch den „Unterwasserstrategen“ Großadmiral Dönitz abgelöst und erhielt den einflußlosen Posten des Admiralinspekteurs der Marine.

Nur allmählich konnte die Reichsmarine wieder Tritt fassen (Bild oben: „Blaue Jungs" im Parademarsch) nach dem verlorenen Ersten Weltkrieg, der auf See noch ein Nachspiel hatte: Am 21. Juni 1919 vereitelte in der Bucht von Scapa Flow an der Südküste der Orkney-Insel Pomona die hier seit dem Waffenstillstand internierte deutsche Flotte durch Selbstversenkung ihre Übergabe an die Briten (Bild linke Seite unten).

Bild linke Seite oben: der 1925 fertiggestellte leichte Kreuzer „Emden" war der erste Neubau der Reichsmarine nach 1919. Vor ihrem Kriegseinsatz als Schulkreuzer verwendet, erhielt die „Emden" nach ihrem letzten Einsatz, der Ausschiffung von 1200 Flüchtlingen aus Ostpreußen, in Kiel 45 Bombentreffer und wurde am 3. Mai 1945 in der Heikendorfer Bucht gesprengt.

Der Blick der Seeoffiziere begann sich nun weit über die Küstenverteidigung hinaus zu richten. Im September 1924 schrieb Vizeadmiral Zenker in seinen Schlußbetrachtungen zu den Herbstübungen: »Unsere Aufgabe ist, schon jetzt geistig Seemacht zu werden und zu bleiben, den Blick weiter auf den Ozean gerichtet zu halten über die Küstengewässer hinaus. Dann wird dereinst der Wiederaufbau der materiellen Seemacht schnell, folgerichtig und den Erfolg gewährleistend möglich sein.«
Der Schulkreuzer »Emden« war der erste größere Kriegsschiffneubau nach dem Krieg. Er bot die Möglichkeit, wieder geeignetes Personal für den Schiffbau einzustellen und auszubilden. Alle Arbeiten dieser Art wurden fast ausschließlich von Zivilisten – den Marine-Baubeamten – ausgeführt, deren oberster der Leiter der Konstruktionsabteilung in der Marineleitung war. So blieb die größtmögliche Zahl an Offizieren für die reinen Führungsaufgaben erhalten.
Die Neubautätigkeit nahm zu: Zwischen 1925 und 1928 wurden zwölf Torpedoboote gebaut, und die Marineleitung wünschte nun das »Panzerschiff A« auf Kiel zu legen.
Unabhängig davon hatte man ab 1926 mit dem Bau der drei Leichten Kreuzer der »Königsberg«-Klasse begonnen. Ihr Bau war 1930 abgeschlossen.

Die wesentlichen militärischen Forderungen verlangten ein Schiff von 10 000 Tonnen mit brauchbarem Panzerschutz, einer überlegenen Geschwindigkeit, einem Aktionsradius von 4000 Seemeilen und einer schweren Artillerie von 28 Zentimetern.
Der Chef der Marineleitung stimmte 1928 dem Bau zu, weil er neue seestrategische und operative Möglichkeiten erschloß. Der Panzerkreuzer A bewegte in den folgenden Jahren ganz erheblich die deutsche Innenpolitik.
Die ursprünglich wehrbejahende Politik der SPD hatte nach dem Kapp-Putsch 1920 eine Wendung vollzogen: Das alte Mißtrauen gegenüber der bewaffneten Macht war erwacht. In der Öffentlichkeit erhob sich anläßlich des Panzerkreuzer-Neubaus ein Sturm der Entrüstung, in den die KPD heftig mit

Das Deutsch-Britische Flottenabkommen vom 18. Juni 1935 war ein unbestreitbarer diplomatischer Erfolg des Dritten Reiches. Mit der dem Vertrag zugrundeliegenden Formel 35:100 (Verhältnis der deutschen zur britischen Tonnage) wurden sowohl Englands Anspruch auf seine Vorherrschaft zur See als auch Hitlers Anliegen, die deutsche Marinerüstung zu sanktionieren, befriedigt. Bild oben: der „Führer" beim Stapellauf des Schlachtschiffes „Scharnhorst" in Wilhelmshaven.

Links Großadmiral Raeder, hinter Hitler Generalfeldmarschall von Blomberg. Bild links: deutsches Schellboot im Hafen von Kiel. Bilder rechte Seite: Zerstörer „Paul Jacobi" (oben), Kreuzer „Köln" (Mitte) und Torpedoboot „Tiger" (unten).

einstimmte. Der Reichstag zerstritt sich heillos über die Bewilligung der Gelder, die tatsächlich eine große Belastung darstellten – 400 Millionen Reichsmark für insgesamt vier Schiffe dieses Typs –, doch stimmte er 1928 schließlich mit 257 zu 202 Stimmen für die Bewilligung der ersten Baurate.
Das Panzerschiff A wuchs langsam auf der Helling, am 1. April 1933 stieß es als Panzerschiff »Deutschland« – erster Bau dieser Klasse – zur Flotte. Unmittelbare Reaktion Frankreichs waren die Schlachtkreuzer der »Dunkerque«-Klasse. Darauf reagierten auch die Italiener mit Neubauten. Eine internationale Schlachtschiffbauwelle wurde ausgelöst. Die »Deutschland« war stärker als jedes schnelle Schiff – drei britische Schlachtkreuzer ausgenommen. Offiziell wurde eine Wasserverdrängung von 10 000 Tonnen angegeben, tatsächlich waren es 11 700 Tonnen. Der Dieselantrieb ermöglichte eine Reichweite von 10 000 Seemeilen bei 20 Knoten, die Höchstgeschwindigkeit betrug 28 Knoten. Bei einer Marschgeschwindigkeit von 17 Knoten konnte die Fahrstrecke bis zu 17 000 Seemeilen ausgedehnt werden.
Das Schiff war nicht nur für die heimischen Gewässer, Ost- oder Nordsee, sondern auch für den Kreuzerkrieg auf den Weltmeeren gedacht. Bereits 1927 – als noch um das Geld für die Panzerschiffe gerungen wurde – begann die Marineführung mit ersten Kontakten zu früheren Mitarbeitern, um ein überseeisches Versorgungssystem für die »Westentaschen-Schlachtschiffe« – wie in England die Panzerschiffe bald genannt wurden – zu organisieren.

Heimlich – am Versailler Vertrag vorbei – geschah so manches innerhalb der Marine in den späten zwanziger Jahren: Arbeiten und Forschungen in der Unterwasserortung von U-Booten führten als Nebenergebnis auch zur späteren Entwicklung des Funkmeß-(Radar)-Verfahrens. Der Funkverkehr über große Reichweiten wurde erprobt und verfeinert, aber auch die Methode der Funkaufklärung, die späterhin – verkörpert im »B-Dienst« – für die Marine entscheidende Bedeutung erlangte. Innerhalb der Funkaufklärung war das Bre-

chen feindlicher Codes notwendig – die Vorarbeiten wurden damals geleistet. Die Marine plante bereits die Verwendung schneller Frachtschiffe als Hilfskreuzer und von Fischdampfern als Vorposten- und Minenräumboote. Zivile Piloten wurden insgeheim als Seeflieger ausgebildet, Zivilflugzeuge flogen Zieldarstellung für Flugabwehrübungen.
Auf das Jahr 1922 gingen die Anfänge des Baues neuer U-Boote zurück. Mit Geldern aus einem »schwarzen Fonds« kaufte sich die Reichsmarine in ein holländisches Konstruktionsbüro in Den Haag ein. Eine Gruppe erfahrener deutscher U-Bootkonstrukteure entwarf Tauchboote für fremde Staaten und hielt sich so ständig auf dem neuesten Stand der Technik.
Am 1. Oktober 1928 übernahm jener Mann die Marineleitung, der die deutschen Seestreitkräfte bis in den kommenden Krieg hinein führen sollte: Vizeadmiral Dr. phil. h.c. Erich Raeder. Zunächst war auch er ein Verfechter des reinen Küstenverteidigungskonzepts. Zumindest solange die Beschränkungen, denen die Marine unterlag, den Bau eines vollwertigen Kampfschiffes unmöglich machten. So konnte er sich anfangs wenig mit der Idee eines Kreuzerkriegs auf den Weltmeeren befreunden, schon gar nicht mit den Gedanken eines Buches, das in England mehr Aufsehen erregte als in Deutschland, obwohl es der deutsche Vizeadmiral Wolfgang Wegener für die deutsche Marine geschrieben hatte: »Die Seestrategie des Weltkrieges«. Wegener vertrat darin die Ansicht, daß Großbritannien der Ausdehnung jedes Machtanspruches irgendeines europäischen Landes feindselig gegenüberstehe. Zwangsläufig müsse also ein wiedererstarktes Deutschland mit einem Krieg gegen England rechnen und sich deshalb darauf einstellen. Notwendig sei eine große, ausgewogene Flotte mit Stützpunkten in Norwegen und Frankreich, um von dort aus Seekrieg auf den maritimen Nachschubwegen Großbritanniens zu führen. Doch auch solch günstige geopolitische Lage führe erst zum Erfolg, wenn gleichzeitig auch ein Bündnis des Deutschen Reiches mit den USA bestehe. Admiral Raeder lehnte Wegeners Ansichten rundweg ab, weil er die Meinung vertrat, daß Deutschland niemals wieder gegen England kämpfen werde.
Der neue Chef der Marineleitung ließ die Reichsmariner in ganz anderer Weise denken und arbeiten: Die schon von seinen Vorgängern konzipierten 6000-Tonnen-Kreuzer entstanden auf den Werften. Die Marine wurde modernisiert. Ein Fünfjahresbauplan, aufgestellt 1932, verlangte den Bau von Zerstörern, Torpedo- und Schnellbooten und die erste U-Bootfahrerausbildung in der »U-Bootabwehrschule« sowie den geheimen Aufbau von Marinefliegerverbänden.
Minenräum- und neuartige Schnellboote gingen in die Erprobung. Verbesserte Minen und Minenräumtechniken, Katapulte zum Start von Seeflugzeugen, Flugzeugtorpedos und Bordwaffen wurden entwickelt.
Bei Seemanövern in der Nordsee übten Flottenverbände der Reichsmarine – erstmals zu »Kampfgruppen« zusam-

Nach dem Deutsch-Britischen Flottenabkommen von 1935 durfte Deutschland offiziell rund 70 Unterseeboote bauen. Aber als der Krieg begann, waren nur 22 atlantiktüchtige Boote verfügbar. Die volle, von London erlaubte Baukapazität war nicht ausgenutzt worden, da in der deutschen Marineleitung keine Einigkeit darüber bestand, ob man große oder kleine Boote bauen sollte. Bild linke Seite: Boote der U-Flottille „Weddigen". Bild oben: U-Bootsturm mit Vorschiff und Backgeschütz.

mengestellt – nicht nur die Küstenverteidigung, sondern auch Lagen, die bei Kämpfen gegen Frankreich oder Rußland auftreten konnten. Niemals aber wurde in einer Übung England als potentieller Gegner angenommen.
Wirklicher Gegner der Reichsmarine war damals nur die See: Am 26. Juli 1932 kenterte in einer Gewittervertikalbö das Segelschulschiff »Niobe« vor der Insel Fehmarn. Neunundsechzig Besatzungsmitglieder fanden den Tod in den Wellen – fast ein ganzer Jahrgang des Nachwuchses an Seeoffizieren, Sanitätsoffizieren, Marinebaumeistern und Unteroffizieren. Die Hamburger Werft Blohm & Voss erhielt einen Auftrag für den Ersatzbau, eine Dreimastbark, die am 3. Mai 1933 auf den Namen »Gorch Fock« getauft wurde. Adolf Hitler war kurz zuvor Reichskanzler geworden.

Die Gefühle der Admirale dem neuen Reichskanzler gegenüber waren zwiespältig: Sie spürten, daß dieser Mann ihren Wünschen entgegenkommen, die Flotte noch ausbauen und das Reich zu neuer Geltung bringen konnte. Sie wußten aber auch von seinem rein kontinentalen Denken und davon, daß er über den »Unsinn von Seemacht und Seegeltung« geschrieben hatte, dies freilich, um die britische Bundesgenossenschaft zu gewinnen. Die Briten als Bundesgenossen – das war auch der Wunsch des Admirals Raeder. Zum anderen jedoch war der Gefreite von den »Fünfundachtzigern« (eine Spottbezeichnung der Marine für alle Heeressoldaten) ein unbehaglicher Umgang für Offiziere, die der vornehmen Kaiserlichen Marine entstammten.
Die Marine jedenfalls blieb unpolitisch, bekam jedoch bald den dadurch entstehenden Nachteil zu spüren: Sie wurde gegenüber dem Heer klar benachteiligt, vor allem jedoch gegenüber dem Reichsluftfahrtministerium, an dessen Spitze der politisch höchst einflußreiche Hermann Göring stand. Göring begann mit dem geheimen Aufbau einer Luftwaffe und versuchte von Anbeginn die nur in Keimzellen bestehende Marinefliegerei unter seine Befehlsgewalt zu bringen – getreu seinem Spruch: »Alles, was fliegt, gehört mir! «

Der Flottenbau lief inzwischen planmäßig weiter. Von den Panzerschiffen waren, nach der fertiggestellten »Deutschland«, die »Admiral Scheer« und »Admiral Graf Spee« im Bau.
Die nächsten sollten – nach Raeders Vorstellungen – größer werden und einen dritten 28-cm-Drillingsturm erhalten. So wurden die Schlachtschiffe »Gneisenau« und »Scharnhorst« konstruiert.
Vorbereitet wurde auch der Serienbau von U-Booten. Das vom niederländischen Konstruktionsbüro entworfene erste Boot vom Typ E I wurde in Spanien zunächst als Spekulationsprojekt gebaut, in der Hoffnung, daß die spanische Marine es später übernehmen würde. Das geschah jedoch nicht, und so ging das Boot dann schließlich an die Türkei, nachdem es von deutschen Besatzungen eingefahren und erprobt war. Nach einem verbesserten Entwurf, der auf diesen Typ zurückging, wurden einerseits die späteren russischen U-Boote der S-Klasse gebaut, andererseits die deutschen U-Boote des Typs I. In Finnland wurden nicht nur ein kleines 250-Tonnen-Boot »Vesikko« gebaut, das als Prototyp für die deutschen Küsten-U-Boote vom Typ II diente, sondern auch drei 500-Tonnen-Boote, die teilweise für den späteren Typ VII als Vorbild dienten. Hitler hatte den Vertrag von Versailles im März 1935 mit der Verkündung der Wehrhoheit offiziell gebrochen und die bis dahin verbotene Luftwaffe aufstellen lassen. Und aus der Reichsmarine wurde die Kriegsmarine.
Wie erwähnt, kam es sofort zu Reibereien zwischen der Marineführung und Hermann Göring um die Marineluftwaffe. In diesem bis in den Krieg hinein andauernden Tauziehen blieb Göring Sieger – zum Nachteil der Luftwaffe und der Marine, wie sich erweisen sollte: Eine Marine braucht einen eigenen Luftschirm und eine eigene Luftaufklärung – und eben die bekam sie nicht. Die Marine gab zwei Flugzeugträger in Bau: »Graf Zeppelin« und den »Träger B«. Jeder Träger sollte 20 Mehrzweck-Flugzeuge Fi 167, 12 Stukas Ju 87 G und 10 Jagdflugzeuge Me 109 T – alle Maschinen mit abklappbaren Tragflächen – an Bord führen. (Die Arbeiten

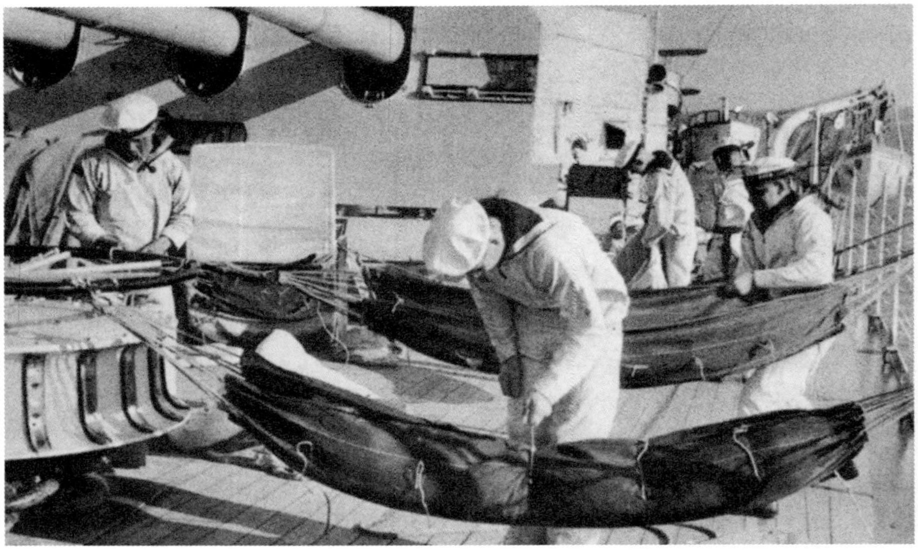

Seit je haftete der Marine ein Flair von „Freiheit und Abenteuer“ an. Entsprechend war der Drang der jungen Wehrpflichtigen, auf den Seekriegsstreitkräften ausgebildet zu werden, überproportional groß.

Bilder linke Seite: Trompeter blasen „Antreten zum Dienst“ (oben), Kadetten beim Auslüften ihrer Hängematten (Mitte) und bei der Morgenwäsche (unten). Bild oben: „Backen und Banken!“ - das beliebteste Kommando an Bord. Bild rechts: „Klar bei Hängematten“, der Zapfenstreich im Seemannsdeutsch.

Bild oben links: Gefechtsturm des Panzerschiffs „Admiral Graf Spee“, das am 30. Juni 1934 vom Stapel gelaufen war. Auf der „Admiral Graf Spee“ wurde zum ersten Mal diese neuartige Form der Unterbringung der Brücken, Stände und Scheinwerfer gewählt. Eine weitere Scheinwerfergruppe ist am Schornstein zu erkennen. Links die an

Deck stehenden, nicht-mehr in Kasematten untergebrachten Geschütze der Mittschiffsartillerie. Bild oben: Katapultstart eines Aufklärungsflugzeuges vom Typ Heinkel He 60 vom Start-und Landedeck eines deutschen Kriegsschiffs. Bild links: „Geschützreinigungskompanie angetreten“ zum Auswischen der Rohre.

am »Graf Zeppelin« wurden 1940 eingestellt, 1942 wiederaufgenommen und 1943 endgültig abgebrochen; »Träger B« hatte man bereits 1940 aufgegeben.) Doch noch bevor der Flugzeugträger »Graf Zeppelin« auf Stapel gelegt worden war, machte Hitler einen meisterlichen Schachzug: Er schloß mit England im Juni 1935 einen Flottenvertrag ab. Für die Engländer schien das eine Bestätigung für ein deutsches Maßhalten in der Seerüstung zu sein. Deutschland verpflichtete sich, seine Flotte nicht über 35 Prozent der Stärke der britischen Seemacht anwachsen zu lassen. Die U-Boote durften nicht über 45 Prozent der englischen U-Bootwaffe ausmachen. Ein deutsches Zugeständnis war die Begrenzung der Schlachtschiffe auf 35 000 Tonnen.

Bereits elf Tage nach Unterzeichnung des deutsch-englischen Flottenabkommens wurde in Kiel – es war am 27. Juni 1935 – U 1 in Dienst gestellt. Genau zwei Monate später übernahm der Fregattenkapitän Karl Dönitz das Kommando über die U-Flottille »Weddigen«, der zu diesem Zeitpunkt die Boote U 1 bis U 9 angehörten. Es folgte eine systematische, gründliche Ausbildung der Kommandanten und ihrer Besatzungen in Technik und Taktik: Ziel war das Operieren der U-Boote im Rudel. Dabei war der Torpedonahschuß aus 600 Meter Entfernung im Überwassernachtangriff anzustreben. Die taktische Führung der Boote am Konvoi sollte bei einem eingeschifften Flottillenchef liegen, die operative Führung durch den Führer der U-Boote von Land aus erfolgen.

Karl Dönitz, der im Januar 1936 als Kapitän zur See zum »Führer der U-Boote« (FdU) ernannt wurde, war durch seine Kriegserfahrungen, seine reichen Kenntnisse, erworben in zahlreichen Kommandos der Nachkriegszeit, sein präzises und gründliches Denken und seine ausgeprägte Kameradschaftlichkeit der ideale U-Bootführer. Bereits 1937 gewann er die Überzeugung, daß ein Krieg mit Großbritannien zu erwarten sei, und drängte beim Oberbefehlshaber der Kriegsmarine, dem nunmehrigen Generaladmiral Raeder, vergebens auf einen gesteigerten U-Bootbau. Doch Hitler hatte Raeder versichert, daß ein Krieg mit England nicht denkbar sei – und Raeder glaubte es nur zu gern.

Wie Dönitz drang auch der Korvettenkapitän Edward Wegener mit seinen Vorstellungen nicht durch. Wegener verschärfte noch die Gedanken seines Vaters, des vorhin erwähnten Vizeadmirals Wegener, indem er als Voraussetzung für einen Seekrieg gegen England die Besetzung Norwegens für nötig erachtete: »Die Aufgabe, die norwegischen Stützpunkte zu nehmen, zu halten und auszubauen, ist im wesentlichen mit den Mitteln der Marine möglich. Der Erzstrom aus Narvik, auf den wir im Winter besonders angewiesen sind, versiegt für England und fließt in seiner ganzen Fülle für uns.«

Nicht lange danach allerdings sah sich Raeder durch die eingetretenen Ereignisse gezwungen, gerade diese, von ihm strikt abgelehnten Gedanken selbst zu vertreten und in die Tat umzusetzen: Beim Unternehmen »Weserübung« trug die Marine die Hauptlast der Besetzung Norwegens.

Das Oberkommando der Kriegsmarine versuchte sich über künftige Strategien klarzuwerden und danach einen Plan für die materiellen Voraussetzungen dazu aufzustellen. Der für die Planung gebildete Arbeitsstab war – der Grundeinstel-

Lange Zeit hatte Hitler der Marine versichert, es käme nie zu einem Krieg mit der Seemacht England. Für den Ernstfall aber wurde der Seekriegsleitung als Hauptaufgabe der deutschen Kriegsmarine neben der Sicherung der Ostsee und der deutschen Nordseeküste die Bekämpfung der Versorgungswege des möglichen Gegners im Atlantik, im Klartext also Englands, überantwortet.
Bild oben: Geschütz der Küstenartillerie beim Gefechtsschießen. Bilder rechte Seite: Flakartillerie und Torpedowaffe auf Kreuzer „Leipzig" (oben), Ausstoß eines Torpedos aus dem Drillingsausstoßrohr eines deutschen Kreuzers (unten).

lung der Marineführung entsprechend – von Beginn an einseitig auf Operationen mit Überwasserstreitkräften eingerichtet. Dönitz, der Führer der U-Boote, wurde zur Mitarbeit nicht herangezogen. Aus den ursprünglichen »X«- und »Y«-Plänen kristallisierte sich schließlich der »Z«-Plan heraus, den es wiederum in zwei Formen gab: Die eine legte das Schwergewicht auf Panzerschiffe, Hilfskreuzer und U-Boote, war schnell zu verwirklichen und billig. Die andere bedeutete einen Rückfall in die Flottenbaupolitik des Kaiserreiches, wirkte imponierend, demonstrierte Macht und Glanz, war ungemein kostspielig und benötigte viel Zeit. Er sah eine klotzige Flotte aus zehn Schlachtschiffen, davon sechs Superschlachtschiffen, außerdem zwölf Schlachtkreuzern, dazu die vorhande-nen drei Panzerschiffe, fünf Schwere, 24 Leichte und 36 Spähkreuzer, 70 Zerstörer, 90 Torpedoboote, 244 U-Boote und acht Flugzeugträger vor. Das strategische Konzept für diese Seestreitkräfte hieß Handelskrieg auf allen Ozeanen und Binden der britischen Flotte in der Nordsee.

Ausgerechnet diese Form des Z-Planes, die Gigantomanie zur See, wurde von Hitler am 27. Januar 1939 akzeptiert. Er schrieb an Göring: »Ich befehle, daß der von mir angeordnete Aufbau der Kriegsmarine allen anderen Aufgaben einschließlich der Aufrüstung der beiden anderen Wehrmachtteile und einschließlich des Exports vorgeht...« Göring, der größte Widersacher der Marine, mußte nun seine Rohstoffe in gewaltiger Menge an die bisher benachteiligten Admirale aushändigen. Er tat es um einen hohen Preis: Raeder hatte endgültig auf die seit Jahren erbittert umkämpfte eigene Marineluftwaffe zu verzichten. Damit verlor die Kriegsmarine ein Kampfmittel, das zur Führung eines Seekrieges unentbehrlich war.

Der Z-Plan – mehrfach modifiziert – setzte voraus, daß es vor 1944 keinesfalls zu einem Krieg mit der damals größten Seemacht der Welt, mit England, kommen dürfe – und das auch nur, falls England nicht inzwischen selbst seine Flotte vergrößerte. Endgültig verwirklicht aber sollte das Bauprogramm des Z-Planes erst 1948 sein. Dönitz und seine U-Bootoffiziere hielten den

Z-Plan für aussichtslos. Im Mai 1939 übten zwischen Kap St. Vincent und Ouessant 20 U-Boote der Kriegsmarine die von Dönitz erwartete Atlantikschlacht. Sie demonstrierten die Rudeltaktik: das Besetzen bestimmter Angriffsquadrate, das Bilden stationärer oder sich bewegender Aufklärungsstreifen, mit denen man die Konvois zu erfassen sucht, und das Heranführen der Boote der Gruppe oder des Rudels durch das den Konvoi sichtende U-Boot als Führungshalter.

Das Ergebnis dieser Übung sowie eines vorangegangenen Kriegsspiels des FdU im Winter 1938/39 veranlaßten Dönitz, unterstützt von Flottenchef Admiral H. Boehm, die Forderung nach 300 Front-U-Booten vom mittleren Typ VII B und VII C aufzustellen. Nach seiner Vorstellung wurden 100 U-Boote im Operationsgebiet, 100 für An- und Rückmarsch und ebenso viele für Ausrüstung und Überholung benötigt. 18 Artillerie-U-Boote vom Typ XI und 30 Boote vom Typ XII hielt Dönitz zusätzlich für den Einsatz in entfernteren Seegebieten als Fernaufklärer und Flotten-U-Boote für notwendig. Als Konsequenz legte Dönitz dem OKM nahe, zu prüfen, welche Aufgaben im Interesse des U-Bootbaues zurückgestellt werden könnten.

Jedoch blieb die eine wie die andere Forderung ohne Einfluß auf die im Z-Plan ohne die Mitwirkung des FdU festgelegte homogene Flotte Raeders, in der die mittleren U-Boote sich tonnagemäßig mit den U-Kreuzern und großen Booten die Waage hielten. Selbst wenn Raeder, der sich von der Rudeltaktik beeindruckt zeigte, gewollt hätte, so wäre die Marine nicht in der Lage gewesen, die verlangten dreihundert Boote bis zum »Polenfeldzugtermin« zu bauen, da die Rohstoff- und Industriekapazität auf die drei Wehrmachtteile voll verplant war. Es wäre allein schon nicht möglich gewesen, die erforderlichen Dieselmotoren oder die notwendigen Periskope in der verlangten Stückzahl zu produzieren. Die hochseegängigen Typen VII B und VII C waren erst im Winter 1938/39 fertig entwickelt und anschließend in Serie gegangen.

Am 3. September 1939 ließ Raeder seine Mitarbeiter zusammenrufen und sprach: »Am heutigen Tage ist der Krieg gegen England ausgebrochen ... Mit diesem Krieg brauchten wir nach den bisherigen Äußerungen des Führers nicht vor 1944 zu rechnen. Die Überwasserstreitkräfte sind noch so gering an Zahl und Stärke, daß sie nur zeigen können, daß sie mit Anstand zu sterben verstehen ...«

Bild links: Stapellauf des Schlachtschiffs „E" am 8. Dezember 1936 in Kiel. Das Schiff wurde bei seiner Indienststellung am 21. Mai 1938 auf den Namen des legendären Verteidigers von Kolberg gegen die Truppen Napoleons im Jahr 1807, „Gneisenau", getauft.

Bild rechte Seite: Stapellauf des Schlachtschiffs „Tirpitz" auf der Kriegsmarinewerft in Wilhelmshaven am 1.April 1939. Die Deutschen seien „von dem heißen Wunsch erfüllt, nie wieder in einen Krieg gegen England ziehen zu müssen", verkündete Hitler anläßlich dieses Ereignisses. Der Monat war noch nicht zu Ende, als der Deutsch-Britische Flottenvertrag von 1935 einseitig von Berlin gekündigt wurde.

Der Kampf der Überwasserstreitkräfte

Das Bild, das die deutsche Kriegsmarine im September 1939 bot, eine kleine Zahl gefechtsfähiger schwerer und leichter Kampfeinheiten neben Sicherungsverbänden, die nach Kriegsausbruch durch zahlreiche Hilfsfahrzeuge aus der Fischerei- und Handelsflotte für den Küstenschutz und die Minenbekämpfung ergänzt wurden, blieb für die Dauer des Krieges bestimmend – abgesehen von dem großzügigen Ausbau der U-Bootwaffe. An Schlachtschiffen waren zunächst nur die Übergangstypen »Scharnhorst« und »Gneisenau« vorhanden, die ihrer Größe und dem Kaliber ihrer schweren Artillerie nach – 26 000 Tonnen, 28-cm-Geschütze – eher als Schlachtkreuzer anzusprechen waren. Dazu kamen drei Panzerschiffe, »Deutschland«, »Admiral Scheer« und »Admiral Graf Spee«, der Schwere Kreuzer »Admiral Hipper«, sechs Leichte Kreuzer, 21 Zerstörer, 11 Torpedo- und 20 Schnellboote, 80 Geleit-, Minensuch- und Räumboote sowie die entsprechende Anzahl von Fahrzeugen verschiedener Größe und Typen für Ausbildungs-, Schul-, Erprobungs- und Hilfsdienste aller Art. Im Bau befanden sich zwei große 35 000-Tonnen-Schlachtschiffe mit 38-cm-Geschützen, »Bismarck« und »Tirpitz«, ein Schwerer Kreuzer, »Prinz Eugen«, und drei Zerstörer. Nahezu fertiggestellt waren die Schweren Kreuzer »Blücher« und »Lützow«. Der letztere wurde im Austausch gegen Öl- und Getreidelieferungen kurz darauf der Sowjetregierung überlassen, die ihn allerdings nicht in Dienst stellte. Das bisherige Panzerschiff »Deutschland« wurde in »Lützow« umgetauft. Geplant oder auf Kiel gelegt waren zwei Schlachtschiffe eines vergrößerten Typs, ein Flugzeugträger, zwei Schwere und drei Leichte Kreuzer sowie dreizehn Zerstörer.

Diese in ihren Anfängen stehende Flotte sollte der britischen Flotte gegenübertreten, die über 15 Schlachtschiffe, 7 Flugzeugträger, 63 Kreuzer und 191 Zerstörer verfügte. Die Überlegenheit war erdrückend. Die französische Flotte, die zweite große Gegnerin, war allein bereits den deutschen Seestreitkräften in allen Schiffstypen zahlenmäßig eindeutig überlegen.

Das Kräfteverhältnis verschob sich weiterhin durch den Umstand zuungunsten der deutschen Kriegsmarine, daß diese nur Ausgangsbasen in der Deutschen Bucht und in der westlichen Ostsee besaß, während die feindlichen Flotten schon durch die geographische Lage ihrer Stützpunkte sämtliche Ausfalltore aus der Nordsee beherrschten. An dieser Situation änderte auch die Erwerbung eines Stützpunktes an der Murman-Küste in der Sapadnaja-Litsa-Bucht südlich der Fischerhalbinsel nichts, den die Sowjetregierung nach mühsamen Verhandlungen der deutschen Kriegsmarine überließ. Er diente heimkehrenden deutschen Handelsschiffen und Versorgungsfahrzeugen als vorübergehende Zufluchtsstätte.

Angesichts der Ungunst der Lage konnte das Hauptziel der deutschen Seekriegführung gegen England, den hauptsächlichsten Gegner, nur der Kampf gegen die britischen Seeverbindungen sein. Die Seewege waren die Lebensnerven der britischen Kriegführung. Nahrungsmittelversorgung, Rüstungsproduktion, ja überhaupt jegliche militärische Machtentfaltung hingen von ihrer Offenhaltung ab. Die hoffnungslose Unterlegenheit der deutschen schweren Seestreitkräfte machte es unmöglich, die feindliche Schlachtflotte nach den Regeln traditioneller Seekriegführung zur Entscheidung zu stellen. Wie im Ersten Weltkrieg fiel der U-Bootwaffe wiederum die Aufgabe zu, unter Umgehung der britischen Überwasserseeherrschaft den Angriff auf die Seeverbindungen erfolgreich zu führen. Eine starke U-Bootwaffe ließ sich in weit kürzerem Zeitraum als eine starke Schlachtflotte aufbauen. Folgerichtig wurde daher der Schwerpunkt in der Flottenrüstung und im Einsatz der

Die nach dem Reichsgründer benannte „Bismarck" (Bild rechts) hatte eine Maximalverdrängung von nahezu 50.000 Bruttoregistertonnen, war 251 Meter lang, 36 Meter breit, trug bis zu 2200 Mann Besatzung und erreichte eine Geschwindigkeit von maximal 29 Knoten. Das seinerzeit größte deutsche Schlachtschiff war im November 1935 in Auftrag gegeben worden, im Februar 1939 vom Stapel gelaufen und wurde im August 1940 in Dienst gestellt.

Bild linke Seite: Krieg in Sicht! Großadmiral Raeder in seinem Tagesbefehl vom 1. September 1939: „Der Ruf des Führers ist an uns ergangen. Die Stunde der Entscheidung findet uns bereit, einzustehen für Ehre, Recht und Freiheit unseres Vaterlandes."

Kriegsmarine von vornherein auf die U-Bootwaffe als Hauptträger des Tonnagekrieges gelegt.
Im »Mob-Plan«, dem mit der Mobilmachung in Kraft tretenden Schiffbauplan, war ein monatlicher Ausstoß von 12,5 U-Booten festgesetzt. Diese Ziffern wurden rasch gesteigert. Die Vorräte an Kupfer und Zinn gestatteten als Maximum zunächst nur den Bau von 200 Booten. Erst die Besetzung Frankreichs, bei der erhebliche Rohstoffvorräte erbeutet wurden, erlaubte eine Erweiterung des Programmes. Voraussetzung war freilich äußerste Einschränkung im Bau von Überwasserschiffen. Nur diejenigen Schiffe, deren Fertigstellung in absehbarer Zeit zu erwarten war, wurden noch weitergebaut, alle übrigen Bauten wurden stillgelegt.
Im Zeichen des »Tonnagekrieges« erfolgte auch der Einsatz der Flotte. Grundgedanke war, neben der nach Tonnage bemessenen Erzielung größtmöglicher Versenkungserfolge die alliierten Überwasserstreitkräfte zu beschäftigen, um die Konzentration aller Kräfte auf die U-Bootabwehr zu verhindern und damit der eigenen U-Bootwaffe Entlastung zu bringen. Infolge der zahlenmäßigen Unterlegenheit vertrat die Seekriegsleitung die Auffassung, eigene Unternehmungen hätten nur dann Aussicht auf Erfolg, wenn sie mittels der »Hit and run«-Taktik auf Überraschung aufgebaut waren, wenn man grundsätzlich das Unerwartete und

Angesichts der Unterlegenheit der deutschen Kriegsmarine hatten die schweren Überwassereinheiten die Aufgabe, durch Einzelkampf im Handelskrieg die gegnerischen Kräfte zu zersplittern und zu binden. Gemäß diesem Auftrag lief die „Admiral Graf Spee“ (Bild) unter dem Kommando von Kapitän Langsdorff am 21. August 1939 von Wilhelmshaven in den Südatlantik aus, wohin schon ihr Troßschiff „Altmark“ vorausgefahren war, und nahm Ende September mit der Versenkung des britischen Dampfers „Clement“ den Kampf auf.

Langsdorff operierte so geschickt, daß die Royal Navy mehrere Suchgruppen mit jeweils überlegener Feuerkraft zusammenstellen mußte, um die Gefahr im Südatlantik auszuschalten (Bild links: Untergang eines von „Admiral Graf Spee“ getroffenen britischen Handelsschiffs). Am 13. Dezember 1939 wurde das deutsche Panzerschiff vor der Mündung des Rio de La Plata in ein schweres Gefecht mit einem englischen Verband verwickelt und durch Treffer des Kreuzers „Achilles“ (Bild rechts: die Schiffsartillerie) schwer beschädigt. Als die uruguayischen Behörden die Liegezeit für die notwendige Reparatur in Montevideo verweigerten, ließ Langsdorff die Besatzug von Bord gehen, das Schiff außerhalb der 3-Meilen-Zone sprengen (Bild oben) und wählte dann den Freitod.

Unwahrscheinliche tat, um auf diese Weise den Gegner an der Zusammenfassung seiner überlegenen Kräfte zu hindern. Daß ein derartiges Vorgehen auch erhebliche Rückschläge zeitigen konnte, mußte man in Kauf nehmen. Der Entschluß zu dieser außerordentlich kühnen und wendigen Kriegführung bestimmte das Geschehen in der ersten Phase des Seekrieges bis zum Norwegenunternehmen und sollte auch später (1940-42) für den Einsatz der Flotte richtunggebend bleiben.
Nach der Lage der Dinge konnte bei Kriegsausbruch den eigenen Handelsschiffen außerhalb der heimischen Gewässer keinerlei militärischer Schutz gewährt werden. Sie erhielten daher die Weisung, sofern es möglich war, in die Heimat zurückzukehren oder neutrale Häfen anzulaufen Bis zum 1. April 1940 gelang 84 Schiffen mit 479 000 Tonnen, darunter dem berühmten Passagierdampfer »Bremen«, die Rückkehr in die Heimat, eine beträchtliche Zahl von Schiffen versenkte sich selbst bei Annäherung feindlicher Kriegsschiffe, nur wenige fielen in Feindeshand.
Im Atlantik nahmen die Panzerschiffe »Deutschland« und »Graf Spee«, gestützt auf Versorgungsschiffe wie die »Altmark«, den Handelskrieg auf. Während »Deutschland« unter Kapitän z.S. Wenneker im Januar 1940 erfolgreich ihren Raid in den Atlantik abschloß, wurde »Graf Spee« – Kapitän z.S. Langsdorff – im Dezember 1939 von englischen Kräften vor der La-Plata-Mündung in ein Seegefecht verwickelt. Beträchtliche Beschädigungen sowie Verluste unter der Mannschaft zwangen des Kommandanten, Montevideo anzulaufen. Da die uruguayischen Behörden die erforderliche Liegezeit verweigerten und Langsdorff annahm, daß schwere Seestreitkräfte der Briten vor dem La Plata konzentriert würden (eine Täuschung des britischen Geheimdienstes), befahl er die Selbstversenkung seines Schiffes vor der Küste. Anschließend erschoß er sich.
Der Seekrieg in den Heimatgewässern begann in der Ostsee mit der Beteiligung von Einheiten des Marinegruppenkommandos Ost unter Generaladmiral Albrecht am Polenfeldzug, in der Nordsee mit der Anlage umfangreicher Minensperren zum Schutz der Deutschen Bucht durch das Marinegruppenkommando Nord unter Admiral Saalwächter. Deutsche Zerstörer legten im Rahmen des Tonnagekrieges in zahlreichen kühnen Vorstößen Minen an der englischen Ostküste, vor allem in der Mündung der Themse, des Humber und Tyne. Seefliegerverbände übernahmen die Verminung der britischen Küstengewässer. Unter Führung des Flottenchefs, Admiral Boehm, unternahmen Kampfgruppen aus Schlachtschiffen, Kreuzern und Zerstörern Vorstöße in die nördliche Nordsee, um Handelskrieg zu führen und die britische Home Fleet zur Entlastung der im Atlantik eingesetzten Panzerschiffe in den Heimatgewässern zu binden. Bei einem Vorstoß der Schlachtschiffe »Scharnhorst« und »Gneisenau« unter Führung des Vizeadmirals Marschall wurde der britische Hilfskreuzer »Rawalpindi« versenkt.
Von der Tätigkeit der Hilfskreuzer abgesehen, erlitt der Kreuzerkrieg im Frühjahr 1940 durch den Norwegen-

Die Ereignisse im Südatlantik bewogen die Briten zu größerer Vorsicht auf ihren Versorgungslinien (Bild rechte Seite: Kanone auf dem Achterdeck eines eskortierten Handelsschiffs). Nach dem Ende der „Admiral Graf Spee" kämpfte sich sein kleiner Begleiter „Altmark" vom Südatlantik durch die britische Blockade bis nach Norwegen in den Jössingfjord durch (Bild links), wo er am 17. Februar 1940 von einem britischen Kommando zur Befreiung der an Bord befindlichen 300 Kriegsgefangenen geentert wurde. Dieser „Altmark-Zwischenfall" beschleunigte die Planung des „Unternehmens Weserübung", der Besetzung Dänemarks und Norwegens. Bild oben: Nach einem schweren Torpedotreffer auf der Rückfahrt von Oslo liegt die „Lützow" mit abgeknicktem Achterschiff in Kiel.

feldzug eine erhebliche Unterbrechung. Die Durchführung der Großlandung in Norwegen stellte wohl einen Erfolg dar, der die Einsatzbereitschaft und seemännische Tüchtigkeit der Kriegsmarine aufzeigte. Sie erbrachte auch durch die Sicherung der nordeuropäischen Flankenstellung und die Gewinnung neuer Ausgangsbasen eine bedeutsame Verbesserung der seestrategischen Position, die den hohen Einsatz rechtfertigte. Gleichzeitig hatten jedoch die erlittenen Verluste, die während des Krieges nicht mehr aufgeholt werden konnten, eine Steigerung der zahlenmäßigen Unterlegenheit zur Folge. In den kommenden Monaten, vor allem während des Westfeldzuges, war die Bewegungsfreiheit der Flotte erheblich eingeschränkt.

Der Kreuzerkrieg in überseeischen Gewässern, der unmittelbar von der Seekriegsleitung geleitet wurde, fiel zunächst hauptsächlich den Hilfskreuzern zu. In den Jahren von 1940 bis 1943 unternahmen neun deutsche Hilfskreuzer elf große Kaperfahrten mit einer Dauer von fünf bis einundzwanzig Monaten und versenkten dabei 136 feindliche Kriegs- und Handelsschiffe mit einer Gesamttonnage von 850 000 Tonnen. Sämtliche Hilfskreuzer waren umgebaute Handelsschiffe mit einer Geschwindigkeit von 14-17 Knoten. Sie wurden mit vier bis sechs 15-cm-Geschützen, leichter Flak und mehreren Torpedorohren bestückt und zum großen Teil mit ein bis zwei Bordflugzeugen ausgerüstet. Einige führten zusätzlich auch Minen mit sich. Sorgfältige Tarnung diente dazu, die Bewaffnung zu verbergen, so daß sie der feindlichen Aufklärung als harmlose Handelsschiffe erscheinen mußten. Durch Vorbereitung von Änderungen im Aufbau konnten sie von Zeit zu Zeit ihr Aussehen wechseln. In den Heimathäfen zunächst mit Tarnnummern bezeichnet, erhielten sie die Namen, unter denen sie in die Seekriegsgeschichte eingehen sollten, erst beim Auslaufen. Der Hilfskreuzer »Atlantis« unter Kapitän z.S. Rogge legte auf einer besonders erfolgreichen Kreuzfahrt von 622 Tagen Minen an der südafrikanischen Küste und brachte im Atlantischen, Indischen und Pazifischen Ozean insgesamt zweiundzwanzig Schiffe mit 145 698 Tonnen auf. »Orion« unter Fregattenkapitän Meyher war 511 Tage unterwegs und legte Minen in den Gewässern vor Neuseeland. »Thor« unter Kapitän z.S. Kähler bestand im Atlantik drei Gefechte mit feindlichen Hilfskreuzern, von denen er zwei schwer beschädigte und den dritten versenkte. Nach Minenunternehmen in den australischen Küstengewässern brachte »Pinguin« unter Kapitän z.S. Krüder in der Antarktis eine ganze Walfangflotte auf, die Prisenbesatzungen an Bord nehmen mußte und von diesen wohlbehalten in westfranzösische Häfen überführt wurde. »Komet« unter Konteradmiral Eyssen gelangte mit sowjetischer Genehmigung durch die schwierige Passage des Sibirischen Seeweges und die Beringstraße in den Pazifik und die

Südsee, bombardierte die Insel Nauru mit ihren wichtigen Phosphatlagern und kehrte nach einer Kaperfahrt von 516 Tagen durch den Atlantik in die Heimat zurück. Einen einzigartigen Erfolg, freilich bezahlt mit dem Verlust des eigenen, in Brand geschossenen Schiffes, hatte der Hilfskreuzer »Kormoran« unter Fregattenkapitän Detmers zu verzeichnen: Er versenkte den australischen Kreuzer »Sidney«. »Widder« – Kapitän z.S. v. Ruckteschell – operierte erfolgreich im Nordatlantik. v. Ruckteschell führte auch auf einer anderen Fahrt den Hilfskreuzer »Michel« in den Pazifik, worauf er einen japanischen Hafen anlief. Nach Erkrankung Ruckteschells übernahm dort Kapitän z.S. Gumprich den »Michel«, nachdem sein eigenes Schiff, »Thor«, durch eine Dockexplosion verlorengegangen war, und führte eine neue erfolgreiche Kaperfahrt im Pazifik durch. »Stier« unter Kapitän z.S. Gerlach wurde im Nordatlantik eingesetzt und brachte mehrere Schiffe auf. Im Frühjahr 1942 legte der in einen Hilfskreuzer umgewandelte Blockadebrecher »Doggerbank« unter Fregattenkapitän Schneidewind Minen vor Kapstadt und Kap Agulhas an der südafrikanischen Küste. Naturgemäß forderte dieser Kaperkrieg auch seine Opfer. Von der ersten Welle von sechs Hilfskreuzern, die bis zum Oktober 1940 ausgelaufen waren, kehrten nur vier in die Heimat zurück, zwei waren von britischen Kreuzern gestellt und vernichtet worden. Die Hilfskreuzer der zweiten Welle hielten sich teilweise bis in das Jahr 1943 hinein auf den Weltmeeren, schließlich wurden sie sämtlich von der wachsenden feindlichen Übermacht vernichtet. Drei neue Hilfskreuzer, die in der Heimat ausgerüstet wurden, kamen nicht mehr zum Einsatz. Als letzter Hilfskreuzer wurde »Michel« unmittelbar vor Rückkehr von seiner zweiten Kreuzfahrt im Pazifik nach Japan im Oktober 1943 von einem amerikanischen U-Boot versenkt.

Die Hilfskreuzer-Kriegführung wurde zwischen dem 23. Oktober 1940 und dem 1. April 1941 durch einen Vorstoß des Schweren Kreuzers (die Bezeichnung »Panzerschiff« gab es nicht mehr) »Admiral Scheer« unter Kapitän z.S.

Zur Durchsetzung der „Nadelstichtaktik" gegen England waren auch die deutschen Schnellboote bestimmt, die ihre Stützpunkte gleich nach der Besetzung Frankreichs im Sommer 1940 nach Dünkirchen und Boulogne verlegten, um von hier aus die britischen Küstengeleite in der Straße von Dover anzugreifen (Bilder oben). Die Boote hatten bis zu 25 Mann Besatzung und erreichten mit ihren drei Dieselmotoren Geschwindigkeiten bis zu 40 Knoten.
Bild rechte Seite: Ölverschmierte Überlebende des am 8. April 1940 versenkten britischen Zerstörers „Glowworm" werden nach einem Seegefecht vor Norwegen an Bord eines deutschen Schiffes genommen.

Krancke in den Atlantischen und Indischen Ozean ergänzt. In 161 Tagen legte die »Admiral Scheer« 46 400 Seemeilen zurück. Zwischen Neufundland und Irland schoß »Scheer« aus einem britischen Geleit acht Schiffe heraus und versenkte den sichernden Hilfskreuzer »Jervis Bay« nach tapferer Gegenwehr. Insgesamt schickte er einundzwanzig Handelsschiffe mit 151 000 Tonnen auf den Grund des Meeres.

Alle diese Unternehmungen stützten sich auf schwimmende Versorgungsschiffe. Sie fügten der britischen Handelsschiffahrt beträchtlichen Schaden zu und banden zur Sicherung der Handelsstraßen in allen Meeren erhebliche gegnerische Kräfte, die damit der U-Bootabwehr entzogen wurden. Freilich war der U-Bootkrieg großen Stiles erst in der Entwicklung begriffen, er begann erst 1941. Und die Luftwaffe konnte keineswegs in dem von Großadmiral Raeder immer wieder angestrebten Umfang in den Dienst des Tonnagekrieges gestellt werden. Sie führte ihren eigenen Krieg. Stets fehlte es an der Koordinierung des Einsatzes der beiden

Wehrmachtteile, die Schläge, die England trafen, fielen einzeln, oft zeitlich weit auseinanderliegend und ohne inneren Zusammenhang. Ein straff und einheitlich unter großen Gesichtspunkten geführter See-Luftkrieg mit all seinen gefährlichen Folgen blieb Großbritannien erspart.

Das gleiche Bild mangelnder Kräftekonzentration bot der Kampf um die Mittelmeerposition. Nachdem sich die Invasion Englands als undurchführbar erwiesen hatte, sah Großadmiral Raeder hier neben dem Tonnagekrieg der U-Bootwaffe die einzige Möglichkeit, dem britischen Gegner einen lebensbedrohenden Schlag zu versetzen. Die Beherrschung des Mittelmeers bedingte freilich die Sicherung des gesamten nordafrikanischen Raumes, wie umgekehrt eine erfolgreiche Landkriegführung in Libyen und Ägypten nicht ohne Kontrolle der Seewege möglich war. Zu erreichen war dies alles nur durch eine Zusammenarbeit mit Frankreich, zu der die französische Marine nach den Überfällen der Briten auf Oran und Dakar im Juli bzw. September 1940 durchaus bereit war. Seestrategisch bedeutete dies den konzentrischen Angriff der vereinigten deutsch-französisch-italienischen Über- und Unterwasserstreitkräfte, möglichst unter Einbeziehung der spanischen Flotte und der spanischen Seestützpunkte, von den französischen und westafrikanischen Basen zwischen Brest und Dakar aus auf die britischen Seeverbindungen im Nordatlantik.

Die Verwirklichung dieser Pläne blieb in den ersten Anfängen stecken. Hitler glaubte nicht, daß die Entscheidung im Mittelmeer läge, sondern suchte sie im Osten. Die Kriegführung gegen das britische Mutterland und seine Seewege wurde auf die Zeit nach der vorgesehenen schnellen Niederwerfung Rußlands verschoben.

Die Hoffnung der Seekriegsleitung, daß die italienische Flotte eine wirksame Entlastung bringen würde, erfüllte sich trotz mancher tapferen Einzelleistung italienischer Seestreitkräfte nicht. Den Bestrebungen der Seekriegsleitung, die französische Flotte für die Bekämpfung Englands zu gewinnen, blieb infolge des mangelnden Verständnisses der

»Seelöwe« wird verschoben

Befehl des Oberkommandos der Wehrmacht, 12.10.1940

1. Der Führer hat entschieden, daß die Vorbereitungen für die Landung in England von jetzt an bis zum Frühjahr lediglich als politisches und militärisches Druckmittel auf England aufrechtzuerhalten sind.

Sollte eine Landung in England im Frühjahr oder Frühsommer 1941 erneut beabsichtigt werden, so wird der dann erforderliche Bereitschaftsgrad zeitgerecht befohlen. Die militärischen Grundlagen für eine spätere Landung sind bis dahin weiter zu verbessern.

2. Alle mit der Auflockerung der Angriffsbereitschaft zusammenhängenden Maßnahmen sind von den Oberkommandos nach folgenden Gesichtspunkten anzuordnen:

a) Beim Engländer muß der Eindruck erhalten bleiben, daß wir eine Landung auf breiter Front weiterhin vorbereiten.

b) Daneben soll die deutsche Wirtschaft aber entlastet werden.

3. Im einzelnen gilt:

Heer:
Die für das Unternehmen »Seelöwe« bestimmten Verbände stehen für geplante Neuaufstellungen bzw. andere Verwendung zur Verfügung. Dabei muß vermieden werden, daß die Belegung im Küstenraum auffällig vermindert wird.

Kriegsmarine:
Die personellen und materiellen Vorbereitungen sind so aufzulockern, daß in dem nötigen Umfang Personal und Schiffsraum, insbesondere Schlepper und Fischdampfer, den Aufgaben der Seekriegführung und der Wirtschaft wieder zugeführt werden. Alle mit der Auflockerung zusammenhängenden Schiffsbewegungen müssen unauffällig und auf einen längeren Zeitraum verteilt vor sich gehen. Sie sind soweit wie möglich für Wirtschafts- und Beutetransporte auszunutzen.

4. Die Oberkommandos werden gebeten, ihre mit der Auflockerung der Vorbereitungen für Unternehmen »Seelöwe« zusammenhängenden Maßnahmen sowie den Zeitbedarf für die Wiederherstellung der zehntägigen Bereitschaft zum 20.10. an OKW zu melden.

„Deutsche Zerstörer auf dem Marsch gegen England“ hieß die protzige Originalunterschrift zum obigen Bild aus der Propagandaillustrierten „Signal“. Doch nicht zuletzt wegen der Schwäche der deutschen Marine mußte der „Marsch gegen England“, die unter dem Decknamen „Unternehmen Seelöwe“ für Spätsommer 1940 geplante Invasion Britanniens, schließlich abgeblasen werden.

Um zu verhindern, daß sich die Deutschen nach dem Fall Frankreichs der Flotte bemächtigten, starteten die Briten Anfang Juli 1940 die Operation „Katapult“ zur „Neutralisierung“ der französischen Einheiten in Europa und Nordafrika. Bild rechte Seite: das Ende zweier französischer Zerstörer im Hafen von Mers el-Kebir bei Oran.

politischen Führung und der Plan- und Direktionslosigkeit der Hitlerschen Frankreichpolitik gleichfalls der Erfolg versagt.
Auch die Zusammenarbeit mit der Luftwaffe gestaltete sich nicht so, wie es im Interesse des Seekrieges notwendig gewesen wäre. Die schwachen, bei Kriegsausbruch vorhandenen Seefliegerverbände der Luftwaffe, die speziell für eine Kriegführung über See ausgebildet waren, wurden zunächst zwar in taktischer Hinsicht dem Oberkommando der Kriegsmarine unterstellt, doch gelang es Reichsmarschall Hermann Göring bald, trotz des Widerstandes des Oberbefehlshabers der Kriegsmarine, Hitler davon zu überzeugen, daß sie wiederum dem Oberkommando der Luftwaffe unterstellt werden müßten. Schließlich wirkte sich der Kräftemangel der Luftwaffe im Herbst 1940 bereits darin aus, daß auch die Seefliegerverbände zu wesensfremden Kampfaufgaben wie der Bombardierung Londons eingesetzt wurden. Fernaufklärer waren überhaupt nur in ungenügender Zahl vorhanden. Mehr und mehr mußte die Kriegsmarine auf Luftunterstützung verzichten, zumal vom Sommer 1941 an die Masse der Luftstreitkräfte im Osten oder in der Heimatverteidigung gebunden war. Die Marine sah sich auf ihre eigenen schwachen Kräfte beschränkt.
Die Gewinnung verbesserter Ausfallhäfen am Ärmelkanal und am Atlantik durch die Besetzung der holländischen, belgischen und französischen Küste hatte zwar die Befreiung aus dem »nassen Dreieck« der Nordsee erbracht. Sie hatte der deutschen Flotte Ausgangsstellungen gegeben, wie sie diese niemals zuvor in der deutschen Geschichte besessen hatte. Nur fehlten jetzt die Kräfte, die Gunst der Lage in vollem Umfang zu nutzen.
Bald nach der Besetzung der französischen und flandrischen Kanalhäfen wurden Schnellbootflottillen nach Boulogne und später auch nach Cherbourg verlegt. Mit Torpedos und Minen führten sie, in der ersten Zeit unter dem Kommando von Kapitän z.S. Bütow, später mehrere Jahre lang unter Kommodore Petersen, in immer neuen kühnen Vorstößen einen zähen und erfolgreichen Kampf gegen den britischen Seeverkehr an der englischen Süd- und Ostküste. Die Schnellbootwaffe, die »Husaren der See«, hatte hier ein Betätigungsfeld gefunden, das ihren Kampfeigenschaften entsprach. Erst als im Sommer 1944 nach der Invasion die französische Küste verlorenging, mußten die Schnellboote Zug um Zug nach Osten zurückgenommen werden. Damit büßten sie ihren Aktionsradius ein.
Infolge der Nachwirkungen des Norwegen-Feldzuges und der im Zusammenhang mit dem Unternehmen »Seelöwe« geplanten Operationen der schweren und leichten Seestreitkräfte wurden die geringen noch vorhandenen schweren Überwassereinheiten erst im Herbst des Jahres 1940 wieder für den Tonnagekrieg im Atlantik frei. Der Schwere Kreuzer »Admiral Scheer« erschien nach seinem Sieg über den Geleitzug zwischen Neufundland und Irland bei den Kapverdischen Inseln, in westindischen Gewässern und darauf im Südat-

lantik. Anfang Dezember 1940 brach der Schwere Kreuzer »Admiral Hipper« – Kapitän z.S. Meisel – durch die Dänemarkstraße zwischen Island und Grönland in den Nordatlantik ein. In weitem Bogen den Atlantik durchstreifend, lief er nach erfolgreicher Bekämpfung des britischen Handelsverkehrs als erste schwere Einheit der deutschen Flotte am 27. Dezember 1940 den französischen Kriegshafen Brest als Stützpunkt an. Ende Januar 1941 folgten unter dem persönlichen Befehl des Flottenchefs, Admiral Günther Lütjens, die Schlachtschiffe »Scharnhorst« und »Gneisenau« – Kapitäne z.S. Hoffmann und Fein – seinem Beispiel. Gestützt auf die Versorgung durch für diese Zwecke bereitgestellte Tanker dehnten sie ihre Operationen bis in das Seegebiet der Kapverdischen und Kanarischen Inseln aus, versenkten 21 Handelsschiffe mit 107 000 Tonnen und erreichten am 22. März 1941 gleichfalls Brest. Inzwischen hatte »Admiral Hipper« einen neuen Vorstoß bis zu den Azoren unternommen. Seinem Angriff auf einen Geleitzug fielen mindestens sieben Schiffe zum Opfer. Im März 1941 kehrte »Hipper« zur Überholung in die Heimat zurück.
Diese Operationen fielen mit der Intensivierung des U-Bootkrieges und dem Höhepunkt der Erfolge der Hilfskreuzer zusammen. Eine schwere Versorgungskrise in England war die Folge. Die

Bild oben: der britische Schlachtkreuzer „Hood", seinerzeit das mächtigste Kriegsschiff der Welt. Am 24. Mai 1941 wurde die „Hood" nach einem 5minütigen Gefecht durch eine Vollsalve der „Bismarck" versenkt. Die kleinen Bilder, aufgenommen von „Prinz Eugen", zeigen von oben nach unten: „Bismarck" feuert auf „Hood", „Prince of Wales" auf „Prinz Eugen", „Hood" auf „Bismarck"; Explosion der „Hood", Untergang der „Hood" und Rückmarsch „Prince of Wales".

Engländer waren genötigt, Schlachtschiffe im Geleitschutz einzusetzen. Doch die deutschen Kampfgruppen wichen ihren Weisungen entsprechend jeder Gefechtsberührung mit überlegenen Kräften aus, bisweilen riefen sie auch U-Boote gegen zu stark gesicherte Geleitzüge herbei. Die deutschen Anfangserfolge verursachten ernste Besorgnisse in England, die britische Flotte war nicht mehr die unbestrittene Herrin der Weltmeere.

Dabei war sich die deutsche Seekriegsleitung nicht im unklaren darüber, daß die britische Schlachtflotte im Verein mit der ständig vermehrten Seeluftwaffe auf die Dauer diesen kühnen Vorstößen ein Ende bereiten würde. Doch im Gegensatz zu der Politik des Admiralstabes im Ersten Weltkrieg, der auf den Wunsch des Kaisers die Hochseeflotte stets sorgsam geschont hatte, war sie diesmal gewillt, die großen Einheiten nicht wieder in den Häfen rosten zu lassen, sondern alle vorhandenen Kampfmittel rücksichtslos in dem als Schwerpunkt erkannten Tonnagekrieg einzusetzen, um einen wirksamen Beitrag zu den Kriegsanstrengungen zu leisten. Noch ahnte freilich niemand, wie nahe bereits das Ende des Kreuzerkrieges bevorstand.

Im Frühjahr 1941 waren das Schlachtschiff »Bismarck« – Kapitän z.S. Lindemann – und der Schwere Kreuzer »Prinz Eugen« – Kapitän z.S. Brinkmann – einsatzklar geworden. Nach den Plänen der Seekriegsleitung sollten sie in Kombination mit einem Vorstoß der beiden kleineren Schlachtschiffe aus Brest in den Atlantik durchbrechen, um den Druck auf die britischen Seeverbindungen zu verstärken. Doch der Plan ließ sich in dieser Form nicht durchführen. In Brest wurde »Gneisenau« bei englischen Luftangriffen durch einen Lufttorpedo und vier Bombentreffer schwer beschädigt. »Scharnhorst« wurde durch Maschinenschaden zu langwierigen Reparaturen gezwungen. Ihre Wiederherstellung nahm mehrere Monate in Anspruch. Die Frage erhob sich, ob man die Operation aufschieben sollte, bis das zweite neue

große Schlachtschiff, »Tirpitz«, dienstbereit war. Dies konnte erst im Winter 1941 der Fall sein. Die Zeit drängte indes. Die Situation im Ostmittelmeer, der bevorstehende Angriff auf Kreta, forderte die Bindung der britischen Heimatflotte im Atlantik. Die Ausnutzung der deutschen Anfangserfolge schien bessere Aussichten zu bieten als die Gewährung einer monatelangen Atempause. Die forcierte Luftüberwachung des Nordatlantik durch den Gegner, die zum ersten Mal im März 1941 bemerkte meßfunktechnische Kontrolle der Dänemarkstraße ließ die Befürchtung wach werden, daß die Atlantikkriegführung mit den schweren Überwassereinheiten nicht mehr allzulange fortgesetzt werden konnte. So entschloß sich die Seekriegsleitung, den Vorstoß in den Atlantik mit »Bismarck« und »Prinz Eugen« allein zu wagen.
Der Flottenchef, Admiral Lütjens, übernahm wiederum persönlich die Führung des Verbandes. Von der norwegischen Küste aus in weitem Bogen die Britischen Inseln und Island umfahrend, plante er, unter ständigem Wechsel des Seegebietes, gestützt auf in verkehrsarmen Bereichen stationierte Tanker, geraume Zeit im Nordatlantik Kreuzerkrieg zu führen, um dann nach Norwegen zurückzukehren oder im Notfall Brest anzulaufen, wo allerdings stets mit Luftangriffen gerechnet werden mußte. Am 21. Mai 1941 verließ der Verband seine norwegische Basis. In der Dänemarkstraße wurde er von zwei britischen Kreuzern geortet und mit Radar »beschattet«. Die Meldungen der Kreuzer riefen einen britischen Flottenverband heran. Westlich Island kam es in den frühen Morgenstunden des 24. Mai 1941 zu einem Gefecht. Kaum fünf Minuten, nachdem die 38-cm-Geschütze der »Bismarck« das Feuer eröffnet hatten, flog der 46 000 Tonnen große britische Schlachtkreuzer »Hood«, damals das größte Kriegsschiff der Welt, in die Luft. Wenige Minuten später mußte das zweite britische Großkampfschiff, »Prince of Wales«, die

Mitte Mai 1941 führte Admiral Lütjens die „Bismarck“ und den Schweren Kreuzer „Prinz Eugen“ aus der Ostsee an die norwegische Küste (Bild oben: die „Bismarck“, aufgenommen von „Prinz Eugen“, im Schutz des Grinstadfjords). Dort wurde der deutsche Verband am 21. Mai von einem britischen Aufklärer gesichtet (Bild rechte Seite oben). Noch am selben Tag ließ Lütjens zur Aufnahme des Handelskrieges im Nordatlantik die Anker lichten. Nach der Versenkung der „Hood“ am 24. Mai begann eine wahre Treibjagd auf die „Bismarck“, die am 26. Mai von britischen Torpedofliegern des Typs „Swordfish“ (Bild rechte Seite unten) angegriffen wurde. Ein Volltreffer auf die Ruderanlage besiegelte das Schicksal dieses gewaltigen Schlachtschiffs.

modernste Einheit der britischen Heimatflotte, mit schweren Beschädigungen abdrehen. Die »Bismarck« hatte zwei Treffer erhalten, die zwar, außer geringer Herabsetzung der Höchstgeschwindigkeit und des Fahrbereiches, ihre Gefechtskraft kaum beeinträchtigten, jedoch eine lästige, weithin sichtbare Ölspur zur Folge hatten, die feindlichen Aufklärungsflugzeugen die Aufrechterhaltung der Fühlung mit dem deutschen Verband erleichterte.

Die Weltöffentlichkeit hielt über diesen überraschenden deutschen Seesieg den Atem an, in der britischen Admiralität herrschte tiefste Bestürzung. Um so fieberhafter bot man alle Kräfte zur Vernichtung des deutschen Verbandes auf, denn das Prestige der britischen Flotte war auf das äußerste bedroht! Die restlichen schweren Einheiten der Heimatflotte, die in Gibraltar stationierte Kampfgruppe »H«, sämtliche in der Geleitsicherung eingesetzten Streitkräfte wurden alarmiert. Sieben Schlachtschiffe und Schlachtkreuzer, zwei Flugzeugträger, zehn Kreuzer, neunzehn Zerstörer und zahlreiche Fliegerverbände beteiligten sich an der Jagd auf den deutschen Verband. Admiral Lütjens entließ den Schweren Kreuzer »Prinz Eugen« mit dem Auftrag, sich allein durchzuschlagen. Wenige Tage später lief dieser in Brest ein. Zunächst hatte es den Anschein, als ob auch die »Bismarck« ihren Verfolgern entrinnen würde. Infolge Ölmangels und der Annäherung an den Aktionsradius der deutschen Luftwaffe in Frankreich war der britische Flottenchef bereits entschlossen, die Verfolgung abzubrechen. Da zerstörte ein Lufttorpedo, den ein Flugzeug des Trägers »Ark Royal« abgeworfen hatte, die Rudereinrichtung des deutschen Schlachtschiffes. Damit war dessen Schicksal entschieden. 400 Seemeilen westlich von Brest sank die »Bismarck«, von erdrückender Übermacht gestellt, nach erbittertem Widerstand am 26. Mai 1941. Nur wenige Überlebende wurden gerettet. Mit dem Großteil der Besatzung fanden der Flottenchef und der Kommandant des Schiffes den Seemannstod.

Mit dieser Niederlage war das Ende des deutschen Kreuzerkrieges im Atlantik gekommen. Als die in Brest liegenden

Untergang der Bismarck

Bericht eines Überlebenden

Als letzter verlasse ich den völlig klaren, hell erleuchteten Turbinenraum, während nach dem letzten Maschinenkommando die Maschinen immer noch Kleine Fahrt voraus laufen. Im Zwischendeck ist auch alles hell erleuchtet, richtige Sonntagsstimmung.

Erst im Batteriedeck sehen wir die Auswirkungen des Kampfes: Einschußlöcher und Brände.

Jetzt hören wir auch die Detonationen unserer Sprengpatronen im Turbinenraum. Nach voraus ist kein Durchkommen. Achteraus stoßen wir auf einen großen, ziemlich kopflosen Menschenhaufen, der offenbar auch nicht weiterkommt. Ich arbeite mich hindurch und mahne zur Ruhe, worauf die Leute sofort gehorchen, als sie den Offizier erkennen. Ich stelle fest, daß das Panzerluk in halboffener Stellung klemmt und die Leute sich nur mühsam mit ihren Gasmasken und aufgeblasenen Schwimmwesten hindurchzwängen können. Erst als ich die Schwimmwesten abnehmen lasse und die übrige Gefechtsausrüstung weggeworfen wird, kommen die Leute fließend durch nach oben. Als letzter steige ich an Oberdeck.

Zwischen den achteren Türmen sammeln sich fünf jüngere Offiziere und mehrere hundert Mann, die sich klarmachen zum Überbordspringen.

Am Morgen des 27. Mai sah sich die „Bismarck“ den Schlachtschiffen „King George“ und „Rodney“ sowie zwei britischen Kreuzern gegenüber. Nach einstündigem Gefecht war das manövierunfähige Schiff nur noch ein brennendes Wrack. Um 10.36 Uhr sank die „Bismarck“. 2106 Seeleute, darunter der gesamte Flottenstab, kamen ums Leben; nur 115 Mann konnten von den Briten geborgen werden.

Der Feind schießt kaum noch. In der Mitte des Schiffes steht eine Rauchwand, so daß man nicht erkennen kann, was vorn los ist. Die Rohre der achteren Türme stehen wild in der Gegend, ein Rohr ist anscheinend infolge eines Rohrkrepierers trichterförmig aufgerissen. Die Flagge weht immer noch am achteren Mast.

Nur vereinzelt habe ich gefallene Kameraden gesehen und wenig Verwundete. Inzwischen sinkt das Schiff immer tiefer. Die See, es herrscht Seegang fünf bei strahlendem Sonnenschein, spült schon über das Achterdeck, und man spürt deutlich, daß das Schiff kentern will. Da lasse ich die Leute herumschließen.

Nach dreifachem »Sieg Heil« gebe ich den Befehl zum Aussteigen. Wir sind kaum von Bord, da kentert das Schiff. Die letzten rutschen noch über die Bordwand und steigen über den Schlingerkiel. Im Schiffskörper sind keine Torpedotreffer zu sehen. Nach kurzer Zeit geht »Bismarck« über den Achtersteven auf Tiefe.

Schlachtschiffe nach neuen Beschädigungen durch Luftangriffe schließlich im Winter 1941/42 wieder einsatzbereit waren, ließ die britische Luftüberlegenheit und die Verstärkung der feindlichen Flottenstreitkräfte durch das Eingreifen der Vereinigten Staaten in den Krieg einen neuen Vorstoß deutscher Einheiten in den Atlantik aussichtslos erscheinen. Zusammen mit dem Schweren Kreuzer »Prinz Eugen« wurden die beiden Schlachtschiffe im Februar 1942 aus dem luftgefährdeten Hafen von Brest im Gefechtsmarsch durch den Ärmelkanal zurückgezogen. Der Befehlshaber der Schlachtschiffe, Vizeadmiral Ciliax, übernahm die Leitung der Operation, deren Planung auf das strengste geheimgehalten wurde. Unter dem Aufgebot aller verfügbaren Sicherungsstreitkräfte, starker Verbände der Luftflotte 3 in Frankreich und der Mobilisierung der gesamten Küstenverteidigung am Kanal mit ihren Küsten- und Flakbatterien, Ortungsgeräten und Marinenachrichtenstellen wurde der Durchbruch durch den Kanal sozusagen unter den Augen der Engländer erzwungen, ein Meisterstück taktischer Überraschung. Der Gegner hatte die deutschen Absichten zu spät erkannt, gleichwohl setzte er zahlreiche leichte Seestreitkräfte und rund 600 Flugzeuge gegen den deutschen Flottenverband an. Heftige See- und Luftgefechte entwickelten sich, bei denen ein englischer Zerstörer und ein deutsches Vorpostenboot sanken und ein deutsches Torpedoboot Beschädigungen erlitt. Zahlreiche Flugzeuge wurden abgeschossen. Als die zwei Schlachtschiffe bereits den Kanal passiert hatten, erhielten beide je einen Minentreffer. Sie erreichten die Elbe, mußten allerdings nunmehr erneut in Reparatur gehen. Der Gefechtsmarsch war zwar gelungen. Er blieb jedoch der einzige und war der Abgesang des deutschen Kreuzerkrieges im Atlantik.

Bereits nach der »Bismarck«-Operation war ein Teil der Versorgungsschiffe durch britische Kreuzerpatrouillen im Nordatlantik gestellt worden. Die Luftkontrolle über der Biskaya wurde verschärft, um das Ein- und Auslaufen von Hilfskreuzern und Blockadebrechern, die mehrfach wertvolle Ladungen an Zinn und Kautschuk aus dem japani-

Wie „Bismarck" und „Prinz Eugen" waren auch die deutschen Schlachtkreuzer „Gneisenau" und „Scharnhorst" zur Bekämpfung von Geleitzügen in den Nordatlantik kommandiert worden. Ende März 1941 liefen die beiden Schwesternschiffe nach über einem Jahr erfolgreicher Handelskriegsführung in Brest ein. Bild oben: Vizeadmiral Ciliax (links) auf der „Scharnhorst".

Bild rechte Seite: An Bord eines Zerstörers bereiten deutsche und rumänische Matrosen das Auslegen einer Minensperre im Schwarzen Meer vor. Mit dem deutschen Angriff auf die Sowjetunion im Juni 1941 waren auch die östlichen Gewässer „Seekriegsfronten" geworden.

schen Machtbereich transportiert hatten, zu unterbinden. Trotz opfermutigen Einsatzes deutscher Zerstörer und Torpedoboote zur Sicherung wurden die Verluste häufiger. Einer der letzten Blockadebrecher, der noch mit voller Ladung die Girondemündung erreichte, war die »Osorno« am 26. Dezember 1943. Mit dem Ende dieses Jahres verschwanden die letzten deutschen Schiffe von den Ozeanen. Nur die U-Boote führten zäh ihren Kampf gegen die wachsende feindliche Abwehr fort. Sie übernahmen auch die Aufgabe, wenigstens in geringen Mengen noch kostbare Rohstoffe aus dem japanischen Bereich nach Europa zu transportieren. England beherrschte wieder die Weltmeere, sofern ihm nicht die gewaltig erstarkte Flotte des amerikanischen Bundesgenossen dabei den Rang ablief.

Auch auf dem pazifischen Kriegsschauplatz hatte sich das Blatt 1943 gewendet. Der atemraubende Siegeszug der japanischen Flotte und des japanischen Heeres im Winter 1941/42, der Einbruch japanischer Seestreitkräfte in den Golf von Bengalen im Jahre 1942, das Erscheinen japanischer U-Boote bei Madagaskar, wo eine japanische Marinemission landete, und im Persischen Golf hatte bei der deutschen Seekriegsleitung zeitweilig den Gedanken geweckt, man könne eines Tages den Japanern in den arabischen Gewässern die Hand reichen, wenn Erwin Rommels Vorstoß zum Suezkanal glückte und die »Sonderkommandos« wie die Gruppe »F« über den Kaukasus nach Nordmesopotamien marschieren würden.

Die Wiederherstellung der absoluten Seeherrschaft der beiden großen angelsächsischen Flottenmächte isolierte das Deutsche Reich wie Japan. Zu einer Zusammenarbeit in Seekriegsfragen kam es nur insofern, als in den Jahren 1941-43 im Indischen Ozean zwischen der Seekriegsleitung und dem japanischen Admiralstab der 70. Längengrad als Operationsgrenze vereinbart wurde, um Störungen in den beiderseitigen Seeoperationen zu vermeiden. Japan räumte ferner der deutschen U-Bootwaffe einen Stützpunkt in Penang auf der Halbinsel Malakka ein und stellte deutschen Hilfskreuzern seine Heimathäfen und seine Stützpunkte im Pazifik zur Verfügung. Im Grunde fehlte auch hier der Wille zu echter Koalitionskriegführung, vor allem infolge der mißtrauischen Zurückhaltung der Japaner. Jeder der beiden Bündnispartner führte seinen eigenen Krieg.

Die Beteiligung der Marine am Rußlandfeldzug beeinträchtigte im Gegensatz zu den Verhältnissen bei den beiden anderen Wehrmachtteilen kaum die Kriegführung im Westen, da hier fast nur solche leichten Seestreitkräfte zum Einsatz gelangten, die ohnehin für den Atlantik nicht geeignet waren. Die überraschende Untätigkeit der sowjetrussischen Ostseeflotte, die über eine Anzahl älterer schwerer Einheiten, zwei Schlachtschiffe, zwei Schwere Kreuzer, einen Leichten und einen Minenkreuzer und vermutlich achtundzwanzig Zerstörer verfügte, machte das Eingreifen deutscher schwerer Streitkräfte nicht erforderlich.

In der östlichen Ostsee kamen in größerer Zahl im Rahmen der Marinegruppe Nord – Generaladmiral Carls – Zerstörer, Torpedo- und Schnellboote, Minenleger, Minensuch- und Minenräumverbände, zeitweilig auch einige U-Boote, unter Führung des Vizeadmirals Schmundt, zum Einsatz. Ihre Aufgabe bestand in der Sicherung des westlichen Ostseeraumes durch Minensperren zwischen Memel und Öland, dem Vortreiben eines minenfreien Weges zur lettischen Küste mit dem Ziel, Riga als Nachschubhafen für die Heeresgruppe Nord zu gewinnen, der Unterstützung der Eroberung der baltischen Inseln Ösel und Dagö durch Seetransportunternehmen kleineren Stils und der Einschließung der roten Ostseeflotte in der Kronstädter Bucht. Hierbei dürfte sich die sogenannte Juminda-Sperre, ein Minengürtel, der im August 1941, kurz vor der Räumung von Reval und Hangö, durch die Russen gelegt wurde und unter den russischen Transportschiffen erhebliche Opfer kostete, den Ruhm erworben haben, die erfolgreichste Minensperre der Seekriegsgeschichte zu sein. An Land wurde der einzige vorhandene Marineinfanterieverband, die etwa

Bataillonsstärke besitzende »Marine-Stoßtruppabteilung«, für Aufgaben der Küstenbesetzung, zum Beispiel bei der Eroberung von Libau, eingesetzt. Nur im September 1941 wurde vorübergehend aus dem Schlachtschiff »Tirpitz«, dem Schweren Kreuzer »Admiral Scheer«, vier Leichten Kreuzern, Zerstörern, Torpedobooten und Schnellbooten die »Baltenflotte« gebildet, um einen etwaigen Ausbruch der russischen Ostseeflotte aus dem Finnischen Meerbusen zu verhindern. Schwere deutsche Luftangriffe beschädigten indes die beiden Schlachtschiffe »Oktjabrskaja Revoluzija« und »Marat« und die beiden Schweren Kreuzer »Maxim Gorki« und »Kirow« so erheblich, daß sie aktionsunfähig wurden.

Wenn auch ein zäher »Stellungskrieg« an den Minensperren die deutschen Sicherungskräfte ständig in Atem hielt, so blieb die sowjetische Ostseeflotte doch in ihrem letzten Stützpunkt blockiert. Die finnische Marine, die aus zwei kleinen Küstenpanzerschiffen, fünf U-Booten und etwa sechzig Bewachungsfahrzeugen bestand, unterstützte dabei die deutschen Kräfte bei der Sperrung des strategisch wichtigen Finnischen Meerbusens.

Eines der schwierigsten und umfangreichsten Probleme der Seekriegführung bildete die Sicherung der neugewonnenen, immer weiter sich ausdehnenden Küstenbereiche der »Festung Europa«. Die Verteidigung der norwegischen, dänischen, deutschen, baltischen, holländischen, belgischen, französischen Küste, des tiefgegliederten Küstenbereichs der Balkanhalbinsel mit der griechisch-ägäischen Inselwelt, der russischen Schwarzmeerküste, seit dem Jahre 1943 auch der italienischen und adriatischen Küstengebiete hätten auch die stärkste Marine der Welt vor schwer erfüllbare Aufgaben gestellt. Wieviel mehr mußte dies für die deutsche Kriegsmarine gelten, deren maritimer Arm, die Überwasserstreitkräfte, bereits infolge unersetzlicher Verluste gewissermaßen verkrüppelt war. Jegliche Küstenverteidigung stellt eine Marine vor zweierlei Aufgaben: die Verteidigung der Küstenfront von Land aus durch Marineartillerie, Marineflak- und Nachrichteneinheiten, unterstützt durch Aufklärungs- und Kampfverbände der Seeflugwaffe, und die Sicherung des Vorfeldes in See durch Seestreitkräfte, denen die Küstenartillerie wiederum Feuerschutz gewähren kann. Bei dem Schrumpfungsprozeß der schwachen Hochseeflotte, der fortschreitenden Lahmlegung der verbleibenden großen Einheiten durch die feindliche Luftwaffe und dem völligen Fehlen von Marineluftstreitkräften fiel die Hauptlast der Vorfeldverteidigung auf die leichten Seestreitkräfte, die seit Narvik so tödlich geschwächte Zerstörerwaffe, die Torpedoboote, die 1941 durch 10 dänische Boote verstärkt worden waren, und die zahlreichen Schnellboot-, Minensuch-, Minenräum-, Sperr-, Geleit-, Küstensicherungs- und Hafenschutzflottillen.

Die Küstenbereiche waren verschiedenen Marinegruppenkommandos mit Küstenadmiralen und Seekommandanten unterstellt. Dem Marinegruppenkommando Nord war der »Kommandierende Admiral Norwegen« mit den Admiralen der Norwegischen Westküste, der Norwegischen Nordküste und der Polarküste in Bergen, Trondheim und Tromsö und dem Seekommandan-

Bild oben: Britische Halifax-Bomber im Angriff auf die „Scharnhorst“ und die „Gneisenau“ im Dezember 1941, die zur Reparatur im Trockendock des französischen Hafens Brest liegen. Mit mehr als tausend Einsatzflügen versuchte das Bomberkommando des Royal Air Force, die beiden deutschen Schlachtkreuzer, die 22 englische Einheiten versenkt oder gekapert hatten, in Brest zu zerstören. Vergeblich: Im Februar 1942 konnten die Schwesternschiffe durch den Kanal brechen und sich bis Kiel durchschlagen. Bild linke Seite: Katapultstart einer „Arado 196“ von der „Scharnhorst“.

ten Oslo unterstellt, denen die Verteidigung der so unübersichtlichen, vielfältig gegliederten norwegischen Küste und die Sicherung des umfangreichen Geleitverkehrs nach Norwegen anvertraut war. In Kirkenes an der Nordmeerküste in Nordnorwegen saß der am weitesten nördlich stationierte deutsche Seekommandant. Den Bau der Küstenbefestigungen führte auch in Norwegen die nach ihrem Gründer benannte technische Organisation Todt (OT) durch.
Im Ostteil der Ostsee war der »Admiral Östliche Ostsee« mit dem Führer der Minensicherung Ost, später als 9. Sicherungsdivision bezeichnet, für die Küstensicherung, die Minenbekämpfung, den Geleitschutz und die Aufrechterhaltung der Minenblockade des Finnischen Meerbusens verantwortlich. Die gleichen Aufgaben fielen in der westlichen Ostsee dem Befehlshaber Sicherung Ostsee mit der 8. und 10. Sicherungsdivision, an der deutschen und holländischen Nordseeküste dem Befehlshaber Sicherung Nordsee mit der 5. Sicherungsdivision zu. Die Minenoffensive der britischen Marineluftstreitkräfte in den Küstengewässern der Nordsee, den westlichen Zugängen zur Ostsee und deren Westteil hielt die deutschen Sicherungseinheiten ständig in Atem. In unermüdlichem Einsatz mußten immer wieder die eigenen Geleitwege frei gemacht werden, um den lebenswichtigen Handels- und Versorgungsverkehr, insbesondere die Erzzufuhren aus Schweden, vor allzu schweren Verlusten zu bewahren. Auf dem Ladogasee sicherten Kleinfahrzeuge der deutschen, italienischen und finnischen Kriegsmarine die Flanke der deutschen Heeresgruppe Nord. Nach der Zurücknahme der Heeresgruppe in die Narwastellung beteiligte sich die Marine mit Motorbooten und Siebelfähren auf dem Peipussee an der Verteidigung dieses Abschnittes.
Die Verteidigung der belgischen und französischen Küste war unter dem Marinegruppenkommando West in Paris zusammengefaßt, das zunächst Generaladmiral Saalwächter befehligte.

In den Jahren von 1940-44 bis zur Invasion verzeichnete der Wehrmachtbericht rund dreiunddreißig größere Gefechte zwischen den beiderseitigen leichten Seestreitkräften.
Die Seekriegführung im Mittelmeer lag naturgemäß in italienischer Hand. Die ursprünglich zahlenmäßig starken leichten italienischen Seestreitkräfte waren überwiegend durch die Sicherungsmaßnahmen für das Afrikageleit in Anspruch genommen. Sie erlitten hierbei schwere Einbußen. Schließlich nahm der Einsatzwille 1943 mehr und mehr ab, was nicht hinderte, daß einzelne Schiffskommandanten bis zuletzt Taten voller Kühnheit vollbrachten. Die in Italien eingesetzten deutschen Marinekräfte waren unter dem »Befehlshaber des Marine-Kommandos Italien«, Vizeadmiral Weichold, zusammengefaßt. Sie bestanden aus Schnell- und Räumbooten, Marinefährprähmen und anderen Hilfsfahrzeugen, die durch den Rhein-Rhone-Kanal rhoneabwärts ins Mittelmeer geschleust wurden, Küstenartillerie-, Marineflak- und Marinenachrichtenabteilungen. Später wurden sie durch einige mit deutscher Besatzung wieder in Dienst gestellte französische Torpedoboote und Kleinkampfformationen verstärkt. Nach der Kapitulation Italiens, bei der sich fast die ganze noch vorhandene italienische Flotte von den Engländern internieren ließ, fiel diesen Kräften die Aufgabe zu, die weiten Küsten Italiens im Tyrrhenischen Meer und in der Adria zu sichern, Unternehmen an der dalmatinischen Küste gegen Partisanen und abtrünnige italienische Truppen zu unterstützen und die Räumung Siziliens, Sardiniens und Korsikas von deutschen Truppen durchzuführen.

Alles in allem waren zur Sicherung der Küsten Europas und des deutschen Geleitdienstes rund 3000 Fahrzeuge der verschiedensten Art eingesetzt, zum größten Teil umgebaute Befehlsfahr-

Bild oben: der britische Flugzeugträger „Ark Royal“ mit seiner „Swordfish“-Torpedobomber-Staffel, der Ende Mai 1941 die entscheidende Beschädigung der Ruderanlage der „Bismarck“ gelungen war. Seither vorwiegend zum Geleitschutz im Mittelmeer eingesetzt, wurde die „Ark Royal“ am 13. November 1941 von U 81 vor Gibraltar torpediert und sank nach Ausbruch eines Feuers an Bord am folgenden Morgen.
Bild rechte Seite: Das mächtigste Schiff der italienischen Kriegsmarine im Zweiten Weltkrieg war das Schlachtschiff „Vittorio Veneto“ (hier in der Seeschlacht bei Kap Teleuda vor Sardinien, November 1940).

zeuge mit nur geringem Kampfwert und mangelhafter Seegängigkeit. Weit über tausend Sicherungsfahrzeuge gingen im Verlauf des Krieges vor dem Feind unter. In den Jahren 1940 bis 1942 wurden nach amtlichen deutschen Bekanntmachungen 6300 Schiffe mit ca. 15 Millionen Tonnen im Wehrmachttransportverkehr erfaßt, 104 Schiffe gingen davon durch Feindeinwirkung verloren. Im Jahre 1941 wurden 17 700 Schiffe mit etwa 35 Millionen Tonnen im Wirtschaftsverkehr in Geleitzügen hin- und hergeschleust. Derartige Zahlen zeigen, wieviel Tatbereitschaft auch in diesen oft so gering geachteten Verbänden herrschte. Der Dienst auf den Behelfsfahrzeugen stellte an die Besatzungen unter ungewohnten Verhältnissen, in unbekannten und schwierigen Gewässern, unter ständiger Bedrohung durch einen zur Luft und zur See weit überlegenen Gegner, vielfach zudem im Kampf mit widrigen Elementen, denen die kleinen Fahrzeuge nur mühsam gewachsen waren, weit höhere Anforderungen als der Dienst auf regulären Schiffseinheiten. Der Tag für Tag sich wiederholende Geleit-, Minenräum-, Sicherungs- und Vorpostendienst kam einem zermürbenden Stellungskrieg zu Lande gleich. Abseits der großen Entscheidungen, ohne Aussicht auf glänzende Erfolge oder lockende Auszeichnung, erfüllten diese Besatzungen ihre schwere Pflicht.

Während die Kampfgruppe Brest sich zum Durchbruch durch den Ärmelkanal anschickte, entwickelte sich im hohen Norden ein neuer seestrategischer Schwerpunkt, der die deutsche Flotte, die jetzt Admiral Schniewind als Flottenchef befehligte, vor neue Aufgaben stellte. Die Alliierten begannen, starke Konvois mit Versorgungsgütern für die Rote Armee nach Murmansk zu senden. zwanzig Prozent der verfügbaren U-Boote wurden ins Nordmeer verlegt, in Nordnorwegen wurden starke Fliegerkräfte stationiert. Gleichzeitig zog die Seekriegsleitung in nordnorwegischen Gewässern einen starken Kampfverband zusammen.

Im Januar 1942 lief das inzwischen in Dienst gestellte neue große Schlachtschiff »Tirpitz« nach Nordnorwegen aus, ihm folgten im Februar und März die Schweren Kreuzer »Admiral Scheer«, »Lützow« und »Admiral Hipper«, der Leichte Kreuzer »Köln« und fünf Zerstörer. Der Schwere Kreuzer »Prinz Eugen« war nach dem Durchbruch durch den Kanal vor Trondheim von einem britischen U-Boot torpediert worden und mußte zur Reparatur in die Heimat zurückkehren. Das Schlachtschiff »Gneisenau« hatte im Februar 1942 in Kiel zwei schwere Bombentreffer erhalten und mußte außer Dienst gestellt werden, die »Scharnhorst« befand sich noch in Reparatur. Während U-Boote und Flugzeuge gegen die Murmansk-Geleite zunächst beträchtliche Erfolge erzielten, stand der Einsatz der Überwasserkräfte unter einem unglücklichen Stern. Die wachsende Knappheit an Heizöl hatte zur Folge, daß nur noch selten Einsätze gefahren werden konnten. Kategorische Weisungen Hitlers, neue Verluste zu vermeiden, nötigten zur Vorsicht bei den seltenen Vorstößen. Auf Grund sehr dubioser Agentenmeldungen, die zum Teil auf die geschickten Täuschungsmanöver der Alliierten vor der Invasion Nordafrikas zurückgingen, war Hitler fest davon überzeugt, daß die Alliierten in Norwegen landen würden. Daher bekam die Kriegsmarine immer wieder zu hören, die Abwehr feindlicher Großlandungen sei dort ihre Hauptaufgabe. Ein Vorstoß der »Tirpitz« mit drei Zerstörern im März 1942 führte zu keiner Gefechtsberührung. In den nächsten Monaten wurden nur die Zerstörer gegen die stark gesicherten Geleitzüge angesetzt, sie erzielten einzelne Erfolge, erlitten aber auch Verluste, da ihre Kampfkraft zu schwach war.

Im August 1942 stellten die Alliierten vorübergehend den Geleitverkehr auf der Murmansk-Route ein. Darauf wurde »Admiral Scheer« unter Kapitän z. S. Meendsen-Bohlken in die Karasee ostwärts Nowaja Semlja entsandt, um dort gemeinsam mit U-Booten und Seefliegerstaffeln den sibirischen Geleitverkehr der Russen anzugreifen. Auch dieser Unternehmung (Deckname »Wunderland«) blieben größere Erfolge versagt. Ein russischer Eisbrecher wurde versenkt, an der Mündung des Jenissei wurde der russische Stütz-punkt Port Dickson bombardiert. Zerstörer, U-Boote und bei einer Unternehmung auch der Schwere Kreuzer »Admiral Hipper« legten vor der Murman-Küste, vor Nowaja Semlja und in der Gorlowstraße, am Eingang zum Weißen Meer, Minen.

Im Dezember 1942 schien auf Grund der Meldungen der Luftaufklärung der Einsatz gegen einen nach Murmansk laufenden Großgeleitzug trotz aller Einsatzbeschränkungen Erfolg zu versprechen. Unter Führung des Vizeadmirals Kummetz wurde für das Unternehmen »Regenbogen« eine Kampfgruppe aus »Admiral Hipper«, »Lützow« und sechs Zerstörern zum Angriff angesetzt. Am Silvestertag des Jahres 1942 kam es im Zwielicht des nordischen Wintertages, bei Schneetreiben und schlechter Sicht zur Gefechtsberührung mit den Deckungsstreitkräften, doch gelang es nicht, bei Tagsicht an den Geleitzug selbst heranzukommen. Auf Grund der ihm auferlegten Bindungen und Beschränkungen sah sich Admiral Kummetz genötigt, die Fährnisse und Zufälligkeiten eines Nachtgefechtes zu vermeiden, und brach die Unternehmung ab.

Dies hatte unerwartete, schwerwiegende Folgen. Hitler mochte wie stets nicht glauben, daß der unbefriedigende Verlauf des Vorstoßes die Folge seiner eigenen Befehle war; wie stets konnte er es nicht vertragen, daß er unrecht hatte. Er warf der Kriegsmarine mangelnden Kampfgeist vor und verlangte die Abwrackung sämtlicher schweren Einheiten, deren Besatzungen und schwere Geschütze an anderer Stelle seiner Auffassung nach bessere Verwendung finden konnten. Großadmiral Raeder widersprach und erbat im Verlauf heftiger Auseinandersetzungen den Abschied. Am 31. Januar 1943 trat er mit dem formellen Titel eines »Admiral-Inspekteurs der Kriegsmarine« zurück, nachdem er vierzehn Jahre hindurch die Kriegsmarine als Oberbefehlshaber erfolgreich geführt hatte.

Als Nachfolger hatte er Hitler den Oberbefehlshaber der Marinegruppe Nord, Generaladmiral Carls, oder den Befehlshaber der U-Boote, Admiral Dönitz, vorgeschlagen. Hitlers Wahl fiel auf Dönitz. Sie lag nahe, da bei den schwindenden Kräften der Flotte sich der Schwerpunkt der Seekriegführung immer mehr auf die U-Bootwaffe verlagert hatte und Dönitz der unbestrittene Meister der Unterwasserkriegführung war.

Als zweiter und letzter deutscher Großadmiral des Zweiten Weltkrieges trat Dönitz, der Flottenchef ohne Flotte, ein schweres Erbe an. Noch drohte der Abrüstungsbefehl Hitlers für die schweren Überwasserstreitkräfte, nach traditioneller seemännischer Ansicht das Rückgrat jeglicher Kriegsmarine. Dönitz nahm diese Entscheidung zunächst hin, regte sogar an, die vorgesehene Entsendung des inzwischen wieder einsatzklaren Schlachtschiffes »Scharnhorst« nach Norwegen aufzugeben, da sie keinen Zweck mehr habe. Als er nach einigen Wochen die Zu-sammenhänge der gesamten Seekriegführung besser übersehen lernte, er-kannte er, daß seine ursprüngliche Ansicht falsch war. Er fuhr zu Hitler ins Führerhauptquartier und setzte die Entsendung der »Scharnhorst« durch. Schritt für Schritt rang er Hitler in der

Je größer die Ausmaße der angloamerikanischen Hilfe für die Sowjetunion wurden, desto dringender wurde aus deutscher Sicht die Störung der alliierten Geleitzüge im Nördlichen Eismeer mit Zielhafen Murmansk (Bild oben: deutsche Zerstörer auf Patrouillenfahrt in Nordnorwegen). Bild linke Seite: das winterliche Gesicht des Schlachtkreuzers „Scharnhorst". Bei einem Unternehmen gegen einen alliierten Konvoi nordöstlich des Nordkaps wurde die „Scharnhorst" am 26. Dezember 1943 durch gegnerische Schiffsartillerie und Torpedotreffer versenkt. Bis auf 36 Gerettete kam die gesamte Besatzung, über 1800 Mann, ums Leben.

Folge die Aufhebung des Abrüstungsbefehls ab. Widerstrebend gab dieser nach. Fortan bestand die Flotten-Kampfgruppe in Norwegen aus den Schlachtschiffen »Tirpitz« und »Scharnhorst«, dem Schweren Kreuzer »Lützow« und acht bis zehn Zerstörern. Im Verein mit der Tätigkeit der U-Boot- und Luftwaffe trug diese sicherlich dazu bei, daß der Gegner im März des Jahres 1943 seine Geleitzüge einstellte, da ihm die hellen Sommernächte im Polargebiet allzu günstige Angriffsmöglichkeiten zu bieten schienen. Erst im November 1943 wurden sie mit dem Einsetzen der Polarnacht wieder aufgenommen. Im September 1943 unternahmen die beiden Schlachtschiffe mit zehn Zerstörern einen Vorstoß nach Spitzbergen, wo sie die britischen und norwegischen Kohlenförderungs- und Hafenanlagen am Eisfjord zerstörten.
Doch im Herbst 1943 waren auch die Tage der Kampfgruppe Norwegen gezählt. Die »Lützow« mußte zu Reparaturen in die Heimat zurückgezogen werden. Am 22. September 1943 drangen zwei britische Zwerg-U-Boote bis in den Altafjord, den durch Torpedonetze gesicherten Liegeplatz der »Tirpitz«, vor und beschädigten diese durch zwei Minen schwer. Als einziges einsatzfähiges Schlachtschiff blieb die »Scharnhorst« übrig. Im Führerhauptquartier verlangte man immer wieder, zur Entlastung der Ostfront müsse die Marine gegen die wieder anlaufenden Geleitzüge nach Murmansk vorgehen. U-Bootangriffe hatten infolge der gesteigerten feindlichen Abwehr nur mehr geringe Erfolgschancen, die Fliegerverbände der Luftflotte 5 in Norwegen waren auf ein Minimum zusammengeschmolzen. So entschloß sich die Seekriegsleitung trotz mannigfacher Bedenken, am ersten Weihnachtsfeiertag des Jahres 1943 die »Scharnhorst« – Kapitän z.S. Hintze – und fünf Zerstörer gegen ein Großgeleit nach Murmansk anzusetzen. In Vertretung des beurlaubten Admirals Kummetz befehligte der »Führer der Zerstörer«, Konteradmiral Bey, die Kampfgruppe. Geschicktes Manövrieren des Kreuzer-

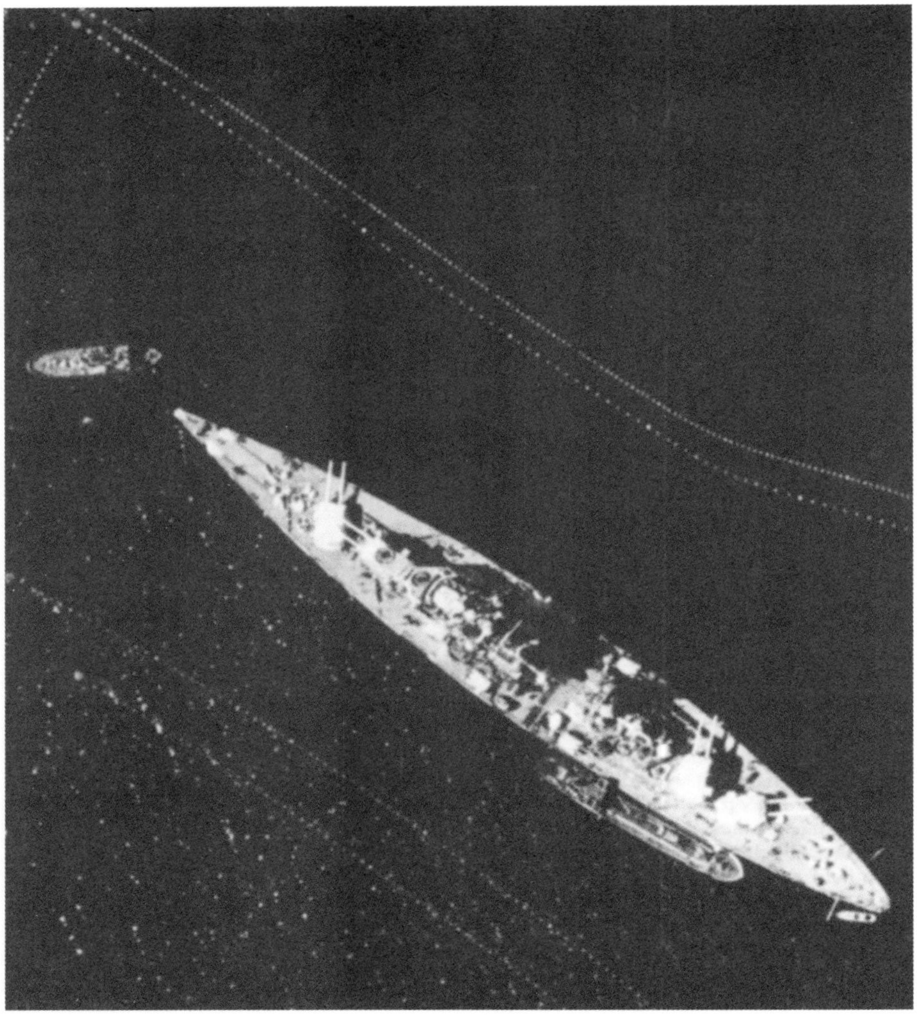

verbandes, der den Geleitzug sicherte, verhinderte im Verein mit schlechten Wetterbedingungen den Angriff. Auf dem Rückmarsch stieß die »Scharnhorst« auf einen überlegenen britischen Verband aus dem modernen Schlachtschiff »Duke of York«, vier Kreuzern und acht Zerstörern und wurde nach zähem Widerstand versenkt. Konteradmiral Bey und Kapitän z.S. Hintze fanden mit dem Großteil der Besatzung den Seemannstod.

Auch das Schlachtschiff »Tirpitz« kam nicht mehr zum Einsatz. Die englische Luftwaffe verfolgte hartnäckig ihr Ziel, das letzte deutsche Großkampfschiff auszuschalten. Nach wiederholten erfolglosen Bombenangriffen wurde die »Tirpitz« am 15. September 1944 durch schwere Bombentreffer ihrer Manövrierfähigkeit beraubt. Als schwimmende Batterie wurde das Schiff in die Gegend von Tromsö geschleppt. Dort wurde es am 12. November 1944 bei einem Angriff von neunundzwanzig britischen Maschinen mit 6-t-Spezialbomben getroffen und zum Kentern gebracht. Die letzten Zerstörer der ehemaligen Kampfgruppe Norwegen, die gegenüber der feindlichen Übermacht wehrlos waren, wurden Mitte Januar 1945 in die Heimat zurückgerufen.

Da die Überwasserstreitkräfte schon

Bild oben: das von einem britischen Fernaufklärer im Sande-Fjord bei Tromsö aufgespürte Schlachtschiff „Tirpitz". Im November 1944 wurde es durch schwere Bombentreffer zum Kentern gebracht und damit kampfunfähig gemacht.
Bild rechte Seite: Panzerschiff „Admiral Scheer" in Paradeaufstellung vor dem Typschiff „Deutschland", das kurz nach Kriegsausbruch, am 15. November 1939, auf Anweisung Hitlers in „Lützow" umbenannt wurde - um für den Ernstfall den peinlichen Eindruck zu vermeiden, den der „Untergang Deutschlands" hervorrufen würde. „Lützow" versank im April 1945 nach einem britischen Bombenangriff auf Swinemünde.

London meldet die Versenkung der »Tirpitz«

Bericht der »Neuen Zürcher Zeitung«, 14.11.1944

Das Luftfahrtministerium teilt mit: »Am Sonntagvormittag griffen 29 Lancaster-Flugzeuge des Bomber-Kommandos, die von Luftkommodore J.B. Tait und Geschwaderführer A.G. Williams befehligt wurden, das deutsche Schlachtschiff ›Tirpitz‹ mit 6000 kg-Bomben an. Es wurden mehrere Volltreffer erzielt. In wenigen Minuten legte sich das Schiff auf die Seite und sank.«

Durch die Versenkung der »Tirpitz«, des letzten modernsten deutschen Kriegsschiffes über 10 000 Tonnen, ist eine Veränderung der seestrategischen Lage eingetreten. Die englische Flotte kann jetzt ihren Bewachungsdienst in den nordeuropäischen Gewässern einstellen und die Hauptteile ihrer Schiffe nach Ostasien senden.

Der Angriff auf die »Tirpitz« erfolgte überraschend, so daß keine Jagdflugzeuge zur Abwehr aufsteigen konnten und die Fliegerabwehr geschütze der beiden deutschen Begleitschiffe kein Feuer abgaben. Von den 2000 Mann der Besatzungen sollen nur etwa 800 gerettet worden sein. Die Reste der deutschen Flotte sind, abgesehen von einem Teil der U-Boote, jetzt in der Ostsee eingeschlossen. Es verbleiben ihr nur noch die beiden 10 000-Tonnen-Panzerschiffe »Admiral Scheer« und »Lützow«, die beiden Schweren Kreuzer von je 10 000 Tonnen »Prinz Eugen« und »Admiral Hipper« sowie drei Leichte Kreuzer von je 6000 Tonnen. Die schwere Artillerie der deutschen Flotte besteht jetzt nur noch aus den 28-cm-Kanonen der Panzerschiffe. Außerdem besitzt sie noch eine größere Zahl von Zerstörern und wahrscheinlich sehr zahlreiche U-Boote.

beim Dienstantritt des Großadmirals Dönitz keine nennenswerte Rolle mehr zu spielen vermochten, suchte dieser auf andere Weise den Seekrieg wieder zu intensivieren. Die Krise im U-Bootkrieg, die im Frühjahr 1943 infolge der gesteigerten feindlichen Abwehr und der englischen Fortschritte in der Ortungstechnik eintrat, sollte durch den Bau einer neuen U-Bootwaffe überwunden werden. Mit aller Zähigkeit focht er darum in der letzten Phase des Krieges vom Beginn des Jahres 1944 an um die Behauptung der Ostsee als des unentbehrlichen Ausbildungsreviers der U-Bootwaffe, darum vertrat er die »Millimeter-Strategie« starrer Verteidigung im Osten. Nur schrittweise stimmte er aus diesen Gründen der vom OKH und Generalstab immer wieder geforderten Abgabe hochwertigen Marinepersonals an das Heer zu, soweit ihm dies für den Neuaufbau der U-Bootwaffe entbehrlich zu sein schien. Die gesamten Ausbildungsmittel der Kriegsmarine, vor allem die Ausbildungsmittel der Flotte, wurden in den Dienst der Heranbildung von U-Bootbesatzungen gestellt.
Neben dem U-Boot-Programm wurden Bauaufträge für eine beschränkte Zahl von Minensuch- und Schnellbooten zur Küstensicherung und zur Deckung der U-Boote beim Ein- und Auslaufen erteilt. Dem Küstenschutz mit leichten, schnell herstellbaren Mitteln sollten auch die Marine-Kleinkampfverbände dienen, die unter Führung von Vizeadmiral Heye ins Leben gerufen wurden. Sie wurden mit neuartigen Kampfmitteln ausgerüstet. Der »Neger« war ein Einmanntorpedo, der aus einem Trägertorpedo mit einem Insassen bestand, der einen unter dem Träger angebrachten Sprengtorpedo auslösen konnte. Eine ähnliche Konstruktion war der »Molch«. Bessere Seetüchtigkeit und Fahrdauer wies ein neues Zweimann-U-Boot, der »Seehund«, auf, das zwei Torpedos oder Minen an den Gegner bringen konnte. Mit der »Hydra« und dem »Wal« wurden neue Kleinstschnellboote gebaut. Ferner wurden »Linsen«-Sprengboote entwickelt, die mit je einem Mann besetzt und mit einer starken Sprengladung versehen waren. Je zwei Boote wurden von einem Kommando-Boot auf ihre Ziele angesetzt. Eine automatische Vorrichtung trug dafür Sorge, daß der Bootsinsasse kurz vor Erreichen des Zieles ins Wasser geschleudert wurde, wo er vom Kommandoboot geborgen werden sollte. Endlich wurden Marinekampfschwimmereinheiten gebildet, die im rückwärtigen Frontgebiet des Gegners Zerstörungsaktionen durchführen sollten. All diese Waffen litten darunter, daß für ihre Durchkonstruktion und sorgfältige Erprobung keine Zeit mehr vorhanden war. Überhastet eingesetzt, erzielten sie einige Anfangserfolge, die jedoch mit den schweren Verlusten, mit denen sie erkämpft wurden, in keinem Verhältnis standen. Sie forderten von ihrer Bedienungsmannschaft höchste Einsatzbereitschaft und großen Mut. Oft wurden so bestens geschulte Seeleute sinnlos geopfert.
Bestrebungen des Großadmirals Dönitz, im Juni 1943 auf Grund einer eingehenden Denkschrift wieder den See-, Luft- und Minenkrieg gegen die englische Insel ins Leben zu rufen, scheiterten am Mangel an Mitteln. Die Fliegerverbände, die neben den U- und Schnellbooten die Hauptträger dieser Offensive bilden mußten, waren nicht mehr vorhanden. Die Krise der deutschen Luftrüstung wirkte auch hier lähmend.
Bei der Invasion im Jahre 1944 war es der weit überlegenen alliierten Flotte und Luftwaffe ein leichtes, die deutschen Sicherungsstreitkräfte zu zerschlagen. Die deutschen U-Boote, Torpedoboote, Zerstörer, Schnellboot-, Geleitschutz-, Vorposten- und Hafenschutz-Flottillen und die Kleinkampfverbände standen einer Armada von

rund achthundert englischen und amerikanischen Kriegsschiffen vom schwersten Schlachtschiff bis zum U-Boot gegenüber. Der Kampf war hoffnungslos. Mitte Juni 1944 schaltete ein schwerer alliierter Bombenangriff auf Le Havre drei Torpedo-, zehn Schnellboote und achtzehn Küstenschutzeinheiten aus. Ein zweiter Luftangriff auf Boulogne brachte die Vernichtung von neunzehn Vorposten- und Hafenschutzbooten. Es war das Ende der leichten deutschen Seestreitkräfte im Kanal. Ende Juni waren noch ein Torpedoboot und zwölf Schnellboote im Kanal verwendungsfähig. Beim Rückzug der deutschen Truppen aus Westbelgien nach Holland leisteten Marinefährprähme und Räumboote in der Schelde wertvolle Hilfe und ermöglichten die Räumung des Brückenkopfes von Gent-Breskens. Der in der Biskaya stationierte Zerstörerverband verlor bei dem Versuch, in die Kämpfe im Ärmelkanal einzugreifen, zwei Zerstörer, die Hälfte seines Bestandes. Am 24. August 1944 versenkte die englische Luftwaffe die beiden anderen deutschen Zerstörer in der Girondemündung.

Der Zusammenbruch der Ostfront und das Ausscheiden Finnlands aus dem Krieg öffneten im Herbst 1944 der sowjetrussischen Ostseeflotte wieder den Weg aus dem Finnischen Meerbusen. Aus den kampfkräftigsten Schiffen des Ausbildungsverbandes der Flotte, den Schweren Kreuzern »Lützow«, »Prinz Eugen«, später auch »Admiral Scheer« und »Admiral Hipper«, Zerstörern und Torpedobooten wurde unter Vizeadmiral Thiele die Kampfgruppe 2 gebildet, um der russischen Ostseeflotte bei einem etwaigen Ausbruch entgegenzutreten. Diese griff jedoch nicht in das Kampfgeschehen ein, wohl weil alle ihre größeren Einheiten durch Bombenangriffe und Artilleriefeuer bei den Kämpfen um Leningrad Beschädigungen erlitten hatten und die schweren Geschütze großenteils ausgebaut und an

Auf der Suche nach neuen Angriffswaffen schlug die deutsche Seekriegsleitung mit nachlassendem Kriegsglück den Weg der Konstruktion kleinster Über- und Unterwasser-Torpedofahrzeuge ein. Deren Aufgabe war, ungesehen möglichst nahe an das Schußziel zu gelangen. Bild oben: Einmann-Tauchboot „Biber“ mit außem befestigtem Torpedo.

Bilder linke Seite: Einmann-Torpedoträger am Strand bei Anzio; rechts der Trägerkörper mit der (hier abgebrochenen) Plexiglaskuppel (oben); einfacher Kampfschwimmer beim Torpedotransport (unten). Alle diese Einsätze waren Himmelfahrtskommandos und endeten zumeist mit dem Tod der „Torpederos“.

Land bei der Verteidigung der zweiten Hauptstadt des russischen Reiches eingesetzt worden waren. Die Aufgabe der Kampfgruppe, die durch die dem Ausbildungsverband angehörigen Leichten Kreuzer verstärkte wurde, bestand daher vor allem in der Unterstützung des Abwehrkampfes der Heeresgruppe Nord von See her und in der Sicherung der umfangreichen Nachschub- und Räumungsunternehmen gegen U-Boot, Schnellboot- und Fliegerangriffe.
1945 wurden sämtliche fahrbereiten Kriegs- und Hilfsfahrzeuge für die Rückführung von Soldaten und Zivilpersonen aus den bedrohten Ostgebieten eingesetzt. Hunderttausende wurden durch die Kriegsmarine vor dem Schicksal bewahrt, in russische Hände zu fallen. Es war der letzte große Einsatz. Die alliierte Luftwaffe verursachte noch zum Schluß schwere Verluste. Die Panzerschiffe »Scheer« und »Lützow«, der Schwere Kreuzer »Admiral Hipper«, die Leichten Kreuzer »Emden« und »Köln« wurden im März und April 1945 durch Luftangriffe versenkt. Bei der Kapitulation waren nur noch der Schwere Kreuzer »Prinz Eugen« und der Leichte Kreuzer »Nürnberg« einsatzbereit.
Angesichts der Einengung des deutschen Verteidigungsbereiches und der Abschnürung der letzten Stützpunkte in Frankreich und Norwegen wurden vor allem im Westen die freiwerdenden Landtruppenteile der Marine an Ort und Stelle in die Heeresverbände eingegliedert. In der Heimat wurde infolge des Zusammenschrumpfens der Flotte zahlreiches Personal frei, das teilweise zu drei Marineinfanteriedivisionen zusammengefaßt wurde, die bei der Verteidigung Norddeutschlands gegen die Rote Armee zum Einsatz kamen.
Die deutsche Kriegsmarine war im Zweiten Weltkrieg vor eine unlösbare Aufgabe gestellt worden. Entgegen allen Voraussagen der politischen Führung sollte die erst im Entstehen begriffene Flotte den Kampf gegen eine der beiden größten Seemächte der Zeit, England, führen. Ein wirksamer Beitrag zum Kriegsgeschehen schien nur möglich, wenn alle Kräfte auf einen bestimmten Schwerpunkt, den Tonnagekrieg, die Bekämpfung der Seewege, der Achillesferse der britischen Weltmachtstellung, konzentriert wurden. In diesem Krieg, der die Beherrschung des Mittelmeeres zu einem der vordringlichsten Probleme erhob, konnten die Überwasserstreitkräfte infolge ihrer zahlenmäßigen Schwäche nicht mehr tun, als die U-Bootwaffe, die Hauptträgerin des Kampfes, zu unterstützen. Ihre Unterlegenheit, verstärkt durch das Fehlen von Marineluftstreitkräften, einer im modernen Seekrieg unentbehrlichen Waffe, mußte allmählich zum Verbrauch der Kräfte führen. Die italienische Marine verfügte nicht über die notwendige Kampfstärke, um einen Ausgleich herbeiführen zu können. Die Erfolge der japanischen Marine konnten sich infolge der geographischen Trennung auf dem westlichen Seekriegsschauplatz nicht unmittelbar auswirken. So blieb die deutsche Marine in ihrem Kampf allein, und mit dem Kriegseintritt der Vereinigten Staaten wurde die Unterlegenheit hoffnungslos.

Der U-Bootkrieg

Am 3. September 1939 verfügte die deutsche U-Boot-Waffe insgesamt über nur 57 Boote. Lediglich 23 von ihnen waren atlantikgängige U-Boote, und nicht alle Einheiten waren Front-U-Boote. Ein Teil davon, jetzt mehr denn je, wurde für die Ausbildung neuer Besatzungen und die taktische Schulung der Kommandanten gebraucht.
An eine erfolgreiche Rudeltaktik war mit diesen wenigen Frontbooten, von denen ja bei dem langen Anmarschweg um die Shetlandinseln herum immer nur ein Drittel im nordatlantischen Operationsgebiet (dem Hauptzufahrtsweg für die Versorgung der Britischen Inseln) stehen konnte, noch nicht zu denken.
Vorerst war auch nur ein Teil der Frontboote mit leistungsstarken Nachrichtenmitteln ausgestattet, die für eine bei der Gruppentaktik (später Rudeltaktik genannt) notwendige Fernführung der Boote Voraussetzung waren. Das war nur bei 13 Booten vom Typ IX B und IX C der Fall.
Zunächst wurde der U-Bootkrieg nach Prisenordnung geführt. Er begann fair und ritterlich. Nicht der Mensch war das Ziel. Ziel war das feindliche oder in feindlichen Diensten fahrende Schiff und seine Ladung.
Ein Beispiel: U 48 mit Kapitänleutnant Schultze, der von seiner Besatzung liebevoll »Vaddi« genannt wird, sichtet nach einem wieder laufengelassenen Schweden ein neues Schiff. Auf die Stoppschüsse des U-Bootes reagiert es nicht; es macht vielmehr mächtig Dampf für höhere Fahrt auf. Und es funkt. Der nächste Schuß trifft. Der Fremde hat begriffen. Er bläst Dampf ab, stoppt, aber er funkt trotz Verbots weiter. Die Besatzung des Schiffes – es ist die britische »Royal Sceptre« – geht inzwischen in die Boote, während der Funker noch immer auf die Morsetaste drückt, um schließlich als letzter auszusteigen. U 48 hätte das Recht gehabt, die Funkerei durch Artilleriebeschuß zu unterbinden. »Vaddi« Schultze unterläßt dies, wartet ab, bis die Boote mit der Besatzung auf genügend Abstand und damit in Sicherheit sind, und versenkt den Briten durch einen Torpedo. Wenig später eine neue Rauchfahne, ein neues Schiff. Auch ein Brite, der Frachter »Browning«, der aber nach dem Warnschuß sofort stoppt. U 48 geht auf Rufweite heran. Kapitänleutnant Schultze läßt den Britenkapitän wissen, daß unweit von dieser Position britische Seeleute eines von ihm versenkten Schiffes in offenen Rettungsbooten säßen. Er möge sich um seine Landsleute kümmern: »Good luck and good-bye, Sir.«
Als der 4869 BRT große britische Dampfer »Firby« sinkt, schickt Herbert Schultze einen Funkspruch (FT) an Churchill mit der Position des versenkten Schiffes und dem Zusatz: »... retten Sie die Besatzung...«
Noch ein anderes Beispiel: der Fall mit dem Fischdampfer, dessen Besatzung angesichts des U-Bootes aussteigt. 13 Mann dümpeln einem zerbrechlichen Rettungsboot. Sie bekommen eine Flasche Schnaps gereicht und erhalten die Weisung, ihr Schiff wieder zu besteigen und heimwärts zu dampfen.
Die U-Bootmänner gingen bezüglich ihres humanitären Verhaltens oftmals weit über das militärisch Vertretbare hinaus. Der Führer der U-Boote (FdU) in seiner Baracke daheim schwebte in ständiger Sorge und Angst, denn schon die ersten Tage zeigten, daß britische Flugzeuge rücksichtslos jedes U-Boot angriffen, auch wenn es Überlebende versorgte. Die britische Admiralität hatte zudem die Kapitäne ihrer Schiffe angewiesen, jede Gelegenheit wahrzunehmen, die deutschen »Subs« (U-Boote) bei der Kontrollfunktion laut Prisenordnung zu überlisten und zu rammen. Verluste blieben dann auch nicht aus. Trotzdem retteten die

Die deutschen Überwasserstreitkräfte hatten im Kampf gegen die feindliche Handelsschiffahrt nicht viel ausgerichtet. Dem Anspruch, die Versorgung Englands mit kriegs- und lebenswichtigen Bedarfsgütern empfindlich zu beschneiden, wurde die Unterwasser-Waffe eher gerecht (Bild rechte Seite: U-Boot klar zur Feindfahrt). In der Tat machte lange Zeit der britischen Kriegführung nichts größere Sorge als die wachsenden Erfolge der in immer steigender Zahl zum Einsatz kommenden und mit der Taktik des Angriffs in Rudeln höchst wirkungsvoll operierenden deutschen U-Boote. Bild links: Großadmiral Dönitz, bis zu seiner Ernennung zum Oberfehlshaber der Kriegsmarine am 30. Januar 1943 Befehlshaber der U-Boot-Waffe.

U-Bootmänner weiter, wo und wann sie nur konnten. Sie richteten gekenterte Boote von versenkten Frachtern auf; sie verbanden und schienten Verletzte. Sie versorgten die Bootsinsassen mit Lebensmitteln, Getränken und Rauchwaren, mit Seekarten und Kursanweisungen; einige schleppten die Rettungsboote sogar näher an die Küste heran.

Die U-Boot-Erfolge waren in den ersten Tagen – da Hitler, in der Hoffnung, den Krieg auf den Polenfeldzug zu begrenzen, Einschränkungen befohlen hatte – nicht sehr überzeugend. Das erste von U 30 (Lemp) versenkte Schiff war bedauerlicherweise ein Passagierdampfer: die britische »Athenia«. Ohne Licht in der Nacht fahrend, wurde sie als Hilfskreuzer angesehen. Beim Feind war das ein willkommener Anlaß, die deutschen U-Bootmänner als Barbaren zu schmähen und die eigenen Handelsschiffe zu bewaffnen.

Neben den Erfolgen standen die ersten Verluste an U-Booten und – was noch schwerer wog – an U-Bootmännern; manchmal wurden gerettet und geriet in Gefangenschaft, mal überlebten nur wenige, und oft ging die ganze Besatzung verloren: Totalverlust. U 39 (Glattes) war (wegen eines Torpedoversagers) das erste Opfer. Es ging nach einem mißlungenen Angriff auf den Flugzeugträger »Ark Royal« am 14. September 1939 verloren.

In England hatte man sich nach einigen Auseinandersetzungen auf das bereits im Ersten Weltkrieg bewährte Geleitzugsystem geeinigt. Es hatte den Nachteil, daß sich das Marschtempo nach dem langsamsten Schiff zu richten hatte und die Schnelläufer ihre dem U-Boot gegenüber größere Geschwindigkeit nicht ausnutzen konnten; aber Geleitzüge lassen sich besser sichern. Bereits am 7. September 1939 verließen die ersten Konvois England. Zerstörer und 200 Eskorteneinheiten verschiedener Typen standen zur Sicherung bereit. Im kanadischen Hafen Halifax sammelten sich die HX-Konvois und marschierten mit einem Hilfskreuzer als Sicherung über den Atlantik, wo sie auf 15° westlicher Länge von Zerstörern, bewaffneten Küstenschiffen oder Fischdampfern und später noch von Korvetten und Fregat-

Scapa Flow

Kapitänleutnant Prien bekommt den Auftrag

Ich folge mit den Augen seiner Hand. Er weist auf die Orkney-Inseln. In der Mitte des Kartenbildes aber steht groß: Bucht von Scapa Flow.

Kapitänleutnant Wellner erklärt noch weiter, aber im Augenblick kann ich ihm nicht folgen. Alle meine Gedanken kreisen um den Namen: Scapa Flow! Dann spricht Kommodore Dönitz, der Führer der U-Boote: »Im Weltkrieg lagen die englischen Sperren hier«, er neigt sich zur Karte hinunter und zeigt mit der Zirkelspitze die Stellen, »wahrscheinlich werden sie wieder dort liegen. Hier ist damals Emsmann vernichtet worden«, die Zirkelspitze deutet auf den Hora-Sound, »und hier«, ein Strich mit dem Zirkel, »sind die üblichen Unterplätze der englischen Flotte.

Alle sieben Einfahrten in die Bucht werden gesperrt und gut bewacht sein. Trotzdem könnte ich mir vorstellen, daß ein entschlossener Kommandant hier« – die Zirkelspitze wandert auf der Karte – »herein kann. Es wird nicht einfach sein, denn die Strömung läuft sehr stark zwischen den Inseln.«
Er hebt den Kopf. Ein scharfer, forschender Blick unter gesenkter Stirn.

»Was halten Sie davon, Prien?«

Ich starre auf die Karte. Aber ehe ich antworten kann, fährt der Kommodore fort:

»Ich will jetzt keine Antwort. Überlegen Sie sich die Sache in Ruhe. Nehmen Sie alle Unterlagen mit, und rechnen Sie sich alles gründlich durch. Bis Dienstag mittag erwarte ich Ihre Entscheidung.« Er richtet sich auf und sieht mir gerade in die Augen. »Ich hoffe, daß Sie mich recht verstehen, Prien. Sie sind in Ihrem Entschluß völlig frei. Wenn Sie zu der Überzeugung kommen, daß sich die Unternehmung nicht durchführen läßt, melden Sie es mir.« Und mit starker Betonung: »Es fällt dann absolut kein Makel auf Sie, Prien. Sie bleiben für uns immer der alte.«

Ein Händedruck. Ich nehme Karte und Berechnungen an mich. Der Deutsche Gruß, und draußen bin ich. Ich fahre hinüber zum Beischiff »Hamburg«. Ich schließe Karten und Berechnungen in den kleinen stählernen Safe ein. Dann gehe ich nach Hause.

Unterwegs grüßen mich Soldaten, ich danke ihnen mechanisch. In mir ist eine ungeheure Spannung. Wird sich's machen lassen? Der Verstand rechnet und fragt, aber der Wille sagt schon jetzt, es muß gehen.

Am 14. Oktober 1939 glückte U 47 unter Kapitänleutnant Prien ein kühner Handstreich. Das Boot schlüpfte durch eine schmale Lücke in der Einfahrtssperre nach Scapa Flow hinein, wo 1919 die Selbstversenkung der dort internierten deutschen Kriegsflotte stattgefunden hatte, und vernichtete durch Torpedoschuß das in diesem Naturhafen liegende 29.000-Tonnen-Schlachtschiff „Royal Oak" (Bild oben). 810 britische Seeleute fanden dabei den Tod.

Bild linke Seite: Prien wird vom „Führer" als erstem Offizier der U-Boot-Waffe das Ritterkreuz verliehen. Am 8. März 1941 fiel U 47 mit Prien und der gesamten Besatzung den Wasserbomben des britischen Zerstörers „Wolverine" zum Opfer.

ten als Geleitschutz übernommen wurden.

Jetzt trat ein, was Dönitz seherisch beschworen hatte: Der Gegner schloß sich zusammen – die Antwort darauf mußte die Rudeltaktik sein. Aber dazu bedurfte es an Bord der Rudel-Boote entsprechender Nachrichtenmittel, um sie, von Land aus, in breiten Streifen zur Suche nach gegnerischen Geleitzügen anzusetzen und an entdeckte feindliche Konvois im Überwasserangriff bei Nacht oder im Unterwasserangriff bei Tage heranzuführen. Für diese Taktik war es notwendig, daß jedes Boot über Funk seinen Standort meldete, den der FdU (Führer der Unterseeboote) in seine Lagekarte eintrug. Ein solches FT war kein normaler verschlüsselter Funkspruch, sondern ein Kurzsignal, das vom Gegner schwer oder gar nicht (noch nicht) einzupeilen war. Aber diese Voraussetzungen für die Rudeltaktik waren noch nicht gegeben. Vorerst man sich mit Gruppenoperationen behelfen müßte.

Inzwischen wurden die ersten großen U-Booterfolge gegen Kriegsschiffe gemeldet. U 29 (Schuhardt) torpedierte am 17. September den britischen Träger »Courageous«. Am 14. Oktober drang U 47 (Prien) in die stark gesicherte Bucht von Scapa Flow, den Liegeplatz der britischen Flotte, ein und versenkte dort – nur – das britische Schlachtschiff »Royal Oak«. »Nur«, weil die Flotte gerade in dieser Nacht nicht in Scapa Flow vor Anker lag.

Für die Tage vom 10. bis 19. Oktober wurde die erste Gruppen(Rudel)unternehmung von neuen Booten vorgesehen; sie konnte dann allerdings nur noch von sechs Booten gegen die Konvois OB 17 beziehungsweise KJF angesetzt werden. Drei Boote gingen beim Anmarsch zum Sammelplatz südwestlich von Irland verloren. Der Rest, der unter taktischer Führung eines Flottillenchefs gegen den Konvoi operierte (eine Fernführung über den FdU gab es noch nicht), versenkte 17 Feindschiffe mit 103 60 BRT. Im Prinzip war Dönitz' Rudel-Taktik fraglos richtig, sie „krankte" nur an der viel zu geringen Anzahl der Boote und dem Versagen der Magnettorpedos.

Diese Waffe, auf die man große Erwar-

tungen gesetzt hatte, versagte aber zu oft. Sie hatte schon Priens Angriff in Scapa Flow beeinträchtigt, am 30. Oktober einen Angriff von U 56 auf das Schlachtschiff »Nelson«, das Churchill an Bord hatte, scheitern lassen und machte auch den Angriff von U 47 auf den Schweren Kreuzer »Norfolk« am 28. November zu einem Fehlschlag.
Besser bewährten sich die neuen Magnetminen, die von deutschen U-Booten an Englands Küsten bei teilweise sehr schwierigen Unternehmungen gelegt wurden. So lief zum Beispiel am 4. Dezember die »Nelson«, erst wenige Wochen zuvor durch einen Torpedoversager des U 56 diesem Boot entkommen, auf eine Magnetmine, die U 31 (Habekost) hinterlassen hatte. Der Schwere Kreuzer »Belfast« wurde

In Zahlen machen sich die Erfolge der deutschen U-Boote im Zweiten Weltkrieg imponierend aus: Die „grauen Wölfe" schickten außer 148 Kriegsschiffen 2779 Handelsschiffe auf den Meeresgrund, das waren nach englischen Angaben fast 69 Prozent der zur See fahrenden Gesamttonnage. Dem stand freilich eine schwindelerregende alliierte Produktion entgegen.

Bild oben: Volltreffer auf ein englisches Versorgungsschiff. Bilder linke Seite: unmißverständliche Aufforderung zur Übergabe (oben); die am 3. September 1939 versenkte „Athenia" (unten).

Der befehlswidrige Angriff von U 30 auf den britischen Passagierdampfer forderte 112 Menschenleben.

das Opfer einer von U 21 geworfenen Magnetmine.
Der 17. Oktober brachte nach Verschärfung der gegnerischen Maßnahmen, wie Bewaffnung der Handelsschiffe und Rammbefehle, eine Wende im U-Bootkrieg. Die SKl (Seekriegsleitung) gab den vollen Waffeneinsatz gegen alle feindlichen Handelsschiffe frei, Passagierdampfer ausgenommen. Wenig später, am 29. Oktober, wurde dann auch der sofortige Angriff auf im Konvoi fahrende Passagierschiffe befohlen.
Ende 1939 hatten die tausend deutschen U-Bootfahrer mehr als eine halbe Million BRT an Handels- und Hilfskriegsschiffen versenkt (September 178 620 BRT; Oktober 156 156; November 72 721; Dezember 101 823).
Inzwischen hatte sich Dönitz um das von ihm geforderte und klar umrissene U-Bootamt (eine Seekriegsleitung U-Boote im OKM = Skl-U) beworben. Erich Raeder (Großadmiral und Oberbefehlshaberder deutschen Kriegsmarine) lehnte das Gesuch ab, weil Dönitz seiner Ansicht nach als FdU (Führer der U-Boote) an der Front unentbehrlich war. Er versprach zwar, den U-Bootbau zu forcieren, schaltete aber Dönitz bis 1943 von der U-Bootentwicklung und dem U-Bootbau (monatlich sollten 17,5 und jährlich ca. 213 Boote abgeliefert werden) aus.
Nächster Schwerpunkt des U-Bootkrieges war das Unternehmen »Weserübung«, die Besetzung von Dänemark und Norwegen im April/Mai 1940. Nicht nur, daß in den nördlichen Breiten die Magnettorpedos besonders oft versagten – auch sonst trafen die U-Boote hier auf sehr ungünstige Verhältnisse. Um ihre Sicherungs- und Kampfaufträge zu erfüllen, waren sie häufig gezwungen, die Fjorde mit ihren für den Gegner so guten Horchbedingungen und die nur mangelhaft vermessenen Nebenfjorde aufzusuchen. Außerdem behinderten die mit fortschreitender Jahreszeit länger werdenden Nächte die U-Bootoperationen im Raum Norwegen.
Bezeichnend für die Situation sind die Erfahrungen, welche die Besatzung von U 48 macht. Das Boot operiert im Westfjord mit Kurs Narvik. Am 14. April

kommt, von vorausmarschierenden Zerstörern gesichtet, das von der Beschießung und Versenkung der deutschen Zerstörer vor Narvik zurückkehrende britische Schlachtschiff »Warspite« in Sicht. Rohr eins und vier des U 48 sind klar zum Schuß. Das Boot marschiert sparsamste Fahrt, ganz langsam. Aber es muß fahren, um sich in Sehrohrtiefe unter Wasser zu halten. Gleich wird die »Warspite« in Schußposition einlaufen. – Plötzlich ein Ruck: Das Boot hat einen Unterwasserfelsen gerammt. Das Vorschiff bricht aus dem Wasser heraus. In diesem Augenblick passiert 600 Meter querab die »Warspite«. Sie wandert durch das Fadenkreuz des U 48 hindurch. »Unser Boot«, so der Oberleutnant zur See Topp, »ist nicht mehr schußklar. Man entdeckt uns nicht. Glück im Unglück. Wir kommen auch wieder frei.« Und hätten die »Aale« die Rohre verlassen, dann wären sie wahrscheinlich, nicht detoniert.
Ähnliche Enttäuschungen, nachdem sie Kopf und Kragen riskiert hatten, erlebten auch die anderen U-Bootbesatzungen. Bei den 27 Angriffen auf britische Kriegsschiffe, die die an der »Weserübung« beteiligten U-Boote fuhren, wurde nur ein britisches U-Boot getroffen und versenkt. »Die Torpedokrise ist ein nationales Unglück«, erklärte Großadmiral Raeder am Ende der Operation verbittert. Die im Kampfraum Norwegen stehenden U-Boote wurden zurückgezogen; nur einige Transport-U-Boote verblieben.
Die norwegischen Atlantikhäfen Bergen und Trondheim wurden U-Bootstützpunkte. Später kamen weitere hinzu. So operierten bereits im Juni 1940 von hier aus erstmals II-C-Boote zwischen North Minch und dem Nordkanal.
Während des Westfeldzuges fiel ab Ende Mai bis Anfang Juli 1940 den U-Booten die Aufgabe zu, die britischen Evakuierungstransporte und Handelsschiffe im Kanal und in der Biskaya anzugreifen; sie waren wegen des Ausfalls der französischen und der Bindung der britischen Eskortstreitkräfte nur schwach gesichert. Die Seeräume vor, in und neben der Biskaya wurden die neuen Operationsgebiete für die U-Boote. Jetzt stellten sich auch wieder Erfolge ein und lösten den Schock, der die U-Bootbesatzungen nach den Mißerfolgen in Norwegen überkommen hatte.
Als erste Welle operierten vom 28. Mai bis 22. Juni fünf Boote einzeln oder gruppenweise mit Schwerpunkt nordwestlich Kap Finisterre. Erstmals wurden deutsche U-Boote zur Vergrößerung ihres Aktionsradius in den spanischen Häfen Vigo und El Ferrol aus deutschen Tankern mit Treiböl versorgt. Die zweite Gruppe von sieben Booten, unter ihnen U 47 mit Prien, operierte vom 9. Juni bis 2. Juli in Einzelbooteinsätzen westlich des Kanals und der Biskaya. Sie war besonders erfolgreich und versenkte 32 Schiffe mit insgesamt 173 466 BRT. Davon kamen allein acht Schiffe mit 51 189 BRT auf das Konto von Prien.
Als erstes Boot lief U 30 unter seinem Kommandanten Lemp, der die »Athenia« versenkt hatte, in Lorient, dem ersten neuen U-Bootstützpunkt am Atlantik, ein. Am 17. Juni operierten sieben Boote und das aus Lorient ausgelaufene U 30 im Gebiet zwischen dem Nordkanal, wohin der Konvoiverkehr inzwischen umgeleitet worden war, und Kap Finisterre. Sie versenkten 24 Schiffe mit 102 340 BRT und einen Zerstörer. Vier Boote liefen Lorient zur Ergänzung des vorhandenen Bestandes an. Weitere Boote folgten. Ab Ende Juli stieg die Zahl der Frontboote im Operationsgebiet trotz sinkender Gesamtzahl an solchen auf durchschnittlich zehn. Und überall, wo sie angriffen, sinkende Schiffe, auseinanderberstende Schiffe, brennende Frachter, lodernde Fackeln torpedierter Tanker und Feuer auf dem Meer, wo Öl ausgelaufen war. Für die Männer im Boot, unter Wasser in Sehrohrtiefe, ein Inferno entsetzlicher Geräusche: Es rasselt, kracht und splittert. Dampf entweicht zischend aus zerborstenen Rohren. Die Besatzungen hören, wie Schotten zusammenbrechen, – und plötzlich Schraubengeräusche anlaufender Eskortschiffe, denen das „ping...ping“ folgt, der gegnerischen Unterwasserortung die das Boot steil auf Tiefe zwingt. Über dem Boot detonieren Wasserbomben, mal nah, mal fern, oft stundenlang...
Vom 30. August bis 9. September 1940 – inzwischen, am 17. August, war die totale Blockade der Britischen Inseln erklärt worden – erfolgte die erste erfolgreiche U-Bootoperation nach der Rudeltaktik: Die im Konvoiraum stehenden Boote bildeten einen Vorpostenstreifen und erwarteten den Geleitzug, dessen Generalkurs inzwischen vom Fühlungshalterboot ermittelt worden war. Im Schutz der Nacht griffen

Im ersten Kriegsjahr waren deutsche U-Boote auch mit Minen im Einsatz, die sie dicht an die englische Küste und in die Einfahrten zu den Liegeplätzen der Royal Navy legten, wie z.B. U 9 unter Oberleutnant zur See Lüth (Bild oben).

Bilder rechte Seite: Versenkung des griechischen Dampfers „Adamastos“ mit Konterbande für England in der Biscaya durch U 29 am 1. Juli 1940 (oben); Angriff von U 25 auf einen nach Narvik laufenden britischen Zerstörerverband im April 1940 (unten). Torpedoversager waren unter diesen arktischen Bedingungen die Regel.

sie an, durchbrachen oder untertauchten die Geleitsicherung, die einen Ring um den Konvoi bildete, und schossen angetaucht oder aufgetaucht ihre Torpedos entweder aus der Ringfläche zwischen den Eskortschiffen und den äußeren Schiffskolonnen des Geleitzuges, oder sie machten es wie Kapitänleutnant Otto Kretschmer mit U 9: Er ließ sich von vorn in den Konvoi einsacken und wütete dann im Innern wie ein Wolf in der Schafherde. Erstmals wurden U-Boote im Rahmen der Vorbereitungen der Landung in England auch als Wettermeldestationen eingesetzt. So im September auch U 47 (Prien), der dabei den Konvoi HX 72 sichtete und meldete, den dann verschiedene U-Boote angriffen. Unter anderem versenkte U 100 (Schepke) allein während vier Stunden sieben Schiffe. Das U-Stützpunktsystem am Atlantik begann sich einzuspielen.

Da die wenigen Boote bei ihren Operationen fast alle ihre Torpedos verschossen, entstand anschließend ein »U-Boot-Vakuum«; auch weil die neuen Boote eine drei- bis fünfmonatige Einfahr- und Ausbildungszeit durchlaufen mußten, bevor sie zum Einsatz kommen konnten.

Italien bot sich an, 25 große U-Boote in den Atlantik zu senden. Sie trafen ab 23. August 1940 in drei Wellen im Stützpunkt Bordeaux ein. Jedoch mangelte es den Verbündeten an Erfahrungen. Außerdem hatten die Boote gegenüber den deutschen Kampfbooten die verschiedensten Mängel, die sich beim Einsatz nachteilig auswirkten. In der Zwischenzeit – Dönitz war mittlerweile zum Befehlshaber der U-Boote (BdU) ernannt worden – stand das Unternehmen »Seelöwe«, die später abgesagte Invasion in England, an. Im Oktober wurden neue Rudelangriffe geplant, für die (auf eine Meldung von U 48 hin) die BdU-Dienststelle einen Vorpostenstreifen aus fünf Booten gegen den Konvoi SC 7 bilden ließ. Hier wie auch an anderen Geleitzügen bewährten sich die »Wolfsrudel«; lediglich ein Nachteil bestand immer noch: Es waren zu wenige Wölfe, die Dönitz für die Front zur Verfügung hatte. Das Kardinalproblem war nicht der Angriff, sondern das Suchen und Finden in der ozeanischen Weite. 100 U-Boote, wie gefordert, in einem Operationsgebiet und 50 oder nur 30 an einem Konvoi – nicht auszudenken: Kaum ein Schiff würde entkommen.

Wieder hatten sich bei den so zahlreich auftauchenden Zielen einige Boote völlig verschossen und mußten zum Stützpunkt zurücklaufen. Aus dieser Erkenntnis hatte der BdU bereits seine Folgerungen gezogen: Es wurden seit Mai 1940 Transport-U-Boote verschiedener Typen entwickelt, die – als »Seekühe« bezeichnet – Kampf-U-Boote mit Dieselöl, Torpedos usw. im Atlantik in fast unmittelbarer Frontnähe versorgen sollten. Im südlichen Mittelatlantik übten Troßschiffe eine ähnliche Funktion für Überwasserhandelsstörer aus. Aber auch die zwischen den Kanaren und Freetown operierenden U-Boote der großen Typen ließen sich hier versorgen.

Am 18./19. November 1940 wurde von den Briten zum erstenmal – nach deutscher Ansicht ein technisch nicht realisierbares – Flugzeugradar gegen U-Boote eingesetzt. Das ASV-I-Gerät war erst der Anfang. Dessenungeachtet wurden weiter Konvois gesichtet, U-Boote per Funk herangeführt, die Konvoischiffe angegriffen und dezimiert.

Ende 1940, nachdem durch Überwassereinheiten, Flugzeuge und vor allem durch U-Boote insgesamt vier Millionen BRT feindlicher und in feindlichen Diensten fahrender Schiffsraum verlorengegangen waren, mußte der BdU 27 U-Boote als Verlust abschreiben; auf den Monat umgerechnet waren das 1,5 Boote, gemessen an der Zahl der Neubauten ein günstiges Ergebnis. Schwerer wogen die Einbußen an Menschen, an erfahrenen U-Bootbesatzungen, die kaum zu ersetzen waren.

England wehrte sich verzweifelt. Die USA hatten damit begonnen, die Briten leihweise Kriegsschiffe zur Verfügung zu stellen. Die von den Deutschen nicht besetzte dänische Insel Island wurde Flugzeugstützpunkt. Damit schloß sich die Lücke des nördlichen Teils des Mittelatlantiks, den die Flugzeuge des britischen Küstenkommandos bislang nicht erreicht hatten.

Das Jahr 1941 kann als der Beginn der großen Rudelschlachten bezeichnet werden. Der Luftwaffe hatte man am 7. Januar die taktische Unterstellung der I. Gruppe des Kampfgeschwaders (KG)

Der Schrecken der „grauen Wölfe“ waren die von alliierten Schiffen oder Flugzeugen abgeworfenen Unterwasserbomben. Bilder linke Seite: U-Bomben explodieren unmittelbar neben deutschen U-Booten; links: unter dem ins Bild ragenden Fahrwerkteil der „Halifax“, die die Bomben wirft, ist der Kommandoturm des todgeweihten Bootes zu erkennen; rechts: eine „Sunderland“ setzt im Steilflug zu einem neuen Angriff an, während die beim ersten Angriff abgeworfene Bombe explodiert. Bild oben: Ein manövierunfähig gebombtes U-Boot ist dem Feuer der Bordgeschütze eines feindlichen Zerstörers preisgegeben.

40 mit ihren Fw-200-Kuriermaschinen abgerungen; sie dienten nicht nur der Konvoisuche, sondern auch als Fühlungshalter für Kampfeinsätze der Luftwaffe. Ab Ende Februar wurden alle auslaufenden Feind-Konvois erfaßt. In 18 Tagen kam es zu sechs Operationen. Im Monat März 1941 verzeichnete die deutsche U-Bootwaffe durch straff geführte britische Escort-groups ihre bisher schwersten Verluste. Sechs Boote gingen verloren. Unter den Kommandanten waren drei Hochdekorierte der grauen Wölfe: Korvettenkapitän Prien mit U 47, Totalverlust mit 45 Toten nach einem Wasserbombenangriff des britischen Zerstörers »Wolverine« am 8. März; Kapitänleutnant Schepke mit U 100 wurde am 17. März nach dem Tauchen durch den Zerstörer »Vanoc« gerammt: 6 Überlebende, 38 Tote. Die »Vanoc« hatte U 100 mit dem neuen Radargerät Typ 286 geortet. Kapitänleutnant Kretschmer mit U 99 wurde am selben Tag durch Wasserbomben des britischen Zerstörers »Walker« zum Auftauchen gezwungen. Otto Kretschmer, mit 350 000 Tonnen versenktem Schiffsraum der Tonnagekönig des Zweiten Weltkriegs, geriet in Gefangenschaft. Diese hohen Verluste waren die Ursache, daß Dönitz mit seinen operativen Einheiten nach Westen bis südlich von Island auswich.

Während Hitler noch Anfang 1941 siegesgewiß erklärte, daß im Frühjahr »...unser U-Bootkrieg beginnen wird, dann werden die da drüben sehen, daß wir nicht geschlafen haben...«, vertraute der Gegner auf den Admiral Zeit. Verhandlungen im Januar 1941 brachten im April das Ergebnis: Amerikanische Kriegsschiffe dehnten die panamerikanische Sicherheitszone der im 500-Meilenbereich des amerikanischen Küstenvorfeldes fahrenden Geleitzüge nunmehr von 60° West bis auf 26° West aus, womit sich die unbewachte Zone im mittleren Atlantik, das Black Pit (schwarzes Loch), wie die Blende einer Optik verkleinerte.

Noch immer übertrafen in Deutschland

die Indienststellungen neuer U-Boote (Januar bis Juni: 11, 9, 11, 14, 19, 15) bei weitem die Verluste im gleichen Zeitraum (0, 0, 5, 2, 1, 4). In England stand der Verlust an Schiffsraum zu den Schiffsneubauten im Verhältnis von drei zu eins. Um diese Zeit schlug der Industrielle Henry Kaiser der amerikanischen Regierung vor, Schiffe im Fließbandsystem zu bauen, um der hohen Verluste Herr zu werden. Doch noch waren die Liberty-Schiffe graue Theorie. Allein in den 92 Tagen der Monate März bis Mai 1941 verloren die Briten 142 Schiffe, viele davon in den acht Geleitzugschlachten dieser Zeitspanne, die meisten aber als Einzelfahrer. Dagegen wuchs die Zahl der deutschen U-Boote im Fronteinsatz. Im Juli waren es bereits 53, und keines ging in diesem Monat verloren. Was bedeutete es da schon, wenn es den Briten im Mai gelang, einen HX-Geleitzug erstmals mit Hilfe durchgehend ablösender kanadischer Escort-groups heil bis nach England zu bringen und im Juli auch in umgekehrter Richtung nach Halifax zu sichern.

Die Briten versuchten alles, um den deutschen Würgegriff zu lockern. Unter dem Begriff »Anti-U-Boot-Escort« begleiteten provisorisch mit einer Katapult-Anlage und einem Flugzeug ausgerüstete Frachtschiffe die Geleitzüge. Das Flugzeug mußte nach dem Start aufgegeben werden, da es nach dem Verbrauch seines Treibstoffs weder auf dem Wasser noch auf dem improvisierten »Träger« niedergehen konnte.

Sie ließen nichts unversucht, das Black Pit, die fetteste Weide der grauen Wölfe, zu überwachen. Bald (1943) würden Flugzeuge, die von neuartigen Hilfsflugzeugträgern, sogenannten Escort-Carriers, und später von den Merchant Aircraft Carriers (MAC) starteten, auch dieses Gebiet kontrollieren.

In der Zwischenzeit, in der die Schlacht im Nordatlantik ihren Fortgang nahm und die US-Navy die »Neutralitätspatrouille« am 18. April auf 26° West und 20° Süd ausgedehnt hatte, wurde U 110 (Lemp) am 9. Mai, nachdem es zwei Schiffe versenkt hatte, vom Eskort-Schiff »Aubrieta« durch Wasserbomben zum Auftauchen gezwungen. Die Besatzung verließ das Boot, das vor dem Sinken durch ein Kommando der »Bulldog« geentert wurde. Geheimpapiere, Schlüsselmaschine und -unterlagen wurden von ihnen geborgen. Am 27. August übergab der Kommandant von U 570 (Rahmlow) sein durch einen Fliegerangriff leicht beschädigtes Boot, das nach Island geschleppt und als HMS »Graph« wieder in Dienst gestellt werden konnte. Um diese Zeit hörten für die Deutschen die Sichtungen im bisherigen Operationsgebiet plötzlich auf, und der BdU war gezwungen, neue Wege zu suchen. Die Ursache für das »Verschwinden« der Konvois ist – wie wir heute wissen – zum Teil in dem erbeuteten Geheimmaterial von U 110 zu suchen, das noch durch andere in Feindeshand geratene Unterlagen ergänzt werden konnte.

Im Mai 1941 lief das Drama der »Bismarck« ab, ohne daß weder die südlich von Grönland aufgestellte Westgruppe noch die westlich von Brest stehenden Boote eingreifen konnten. U 556, das die Einheiten der Force H (darunter den Träger »Ark Royal«) vor die Rohre bekam, hatte sich verschossen.

Der Juni wurde der Triumphmonat der seit März vor Westafrika operierenden großen Boote vom Typ IX und X B. Vor Freetown schickten drei Boote 34 Schiffe mit 202 879 Tonnen auf den Meeresgrund und torpedierten das Schlachtschiff »Malaya«.

Mit der Ausweitung des Krieges – Balkanfeldzug und Angriff auf die Sowjetunion – mußten auch die U-Boote neue Aufgaben wahrnehmen. Im Mittelmeer hatten die bisher nicht sehr erfolgreichen italienischen U-Boote den Seekrieg zur Entlastung des Afrika-Korps nicht für sich entscheiden können. Vom 16. September bis 5. Oktober gelang es, die ersten sechs deutschen U-Boote der Gruppe »Goeben« ohne Verluste durch die scharf bewachte Straße von Gibraltar in das Mittelmeer zu schleusen.

Der Krieg hielt für die Seeleute aller Nationen den nassen Tod bereit. Bild oben: Schiffbrüchige einer versenkten Geleitzugeinheit treiben auf hoher See. Bild linke Seite: dieser Matrose von U 175 konnte sich mit seiner Schwimmweste zu einem alliierten Schiff retten. Alle diese Opfer waren vollkommen sinnlos:

Zwar versenkten die deutschen U-Boote im Zweiten Weltkrieg 14 Millionen Tonnen, aber den Alliierten standen, vor allem gestützt auf das amerikanische Potential, am Ende des Krieges wieder rund 44 Millionen Tonnen (!) neuen Schiffsraums zur Verfügung.

Ihnen folgten bald weitere. Am 13. November konnte U 81 (Guggenberger) den Träger »Ark Royal« und U 331 (Thiesenhausen) zehn Tage später dort das Schlachtschiff »Barham« torpedieren und versenken.
Dönitz, der eine Zersplitterung seiner Kräfte vermeiden wollte, schickte – von wenigen Ausnahmen abgesehen – keine Boote ins Nordmeer, obwohl die Briten dort einen Versuchskonvoi von Island nach Archangelsk laufen ließen, der die UdSSR mit Kriegsmaterial versorgen sollte. Wichtiger war ihm die Atlantikschlacht, in der vom 20. bis 28. Juni erstmals 22 Boote als »Westgruppe« in lockerer Aufstellung eingesetzt wurden. Aus diesem Operationsraum kommend, lief U 48 von seiner 12. und auch letzten Feindfahrt in Kiel ein. Mit einer versenkten Sloop (Küstenschiff) und 54 Schiffen mit 322 292 Tonnen war und blieb es das erfolgreichste Boot des Zweiten Weltkriegs.
Im Juli 1941 operierten die Boote vornehmlich gegen die Gibraltar-Route, wo seit Ende Mai – von Luftaufklärung unterstützt – auch die italienischen U-Boote Erfolge erzielten, und im August bildete ein stärkerer Strom von Norwegen ausgelaufener neuer Boote zusätzlich eine Nordgruppe. Sie harkte mit 15 bis 17 Booten die Konvoi-Routen in Richtung Grönland-Neufundland ab. Es kam zu der bis dahin größten Geleitzugschlacht: Aus dem Konvoi SC 42 wurden von 63 Schiffen 20 versenkt. Nur der einsetzende Nebel verhinderte die völlige Vernichtung des Geleitzuges.
Im Nordwestatlantik zeigte sich für die Briten ein neuer Hoffnungsschimmer. Roosevelt erlaubte US-Kriegsschiffen, deutsche U-Boote zu beschatten. Am 4. September kam es zum »Greer«-Zwischenfall. Der US-Zerstörer »Greer« erfuhr durch ein britisches Flugzeug die Position eines deutschen U-Bootes. »Greer« lief die Position an und ortete das getauchte U 652 (Oberleutnant zur

See Fraatz). Das Flugzeug griff mit Wasserbomben an. Fraatz vermutete, von »Greer« angegriffen zu werden. Er versuchte, den Zerstörer zu torpedieren. Darauf ordnete der US-Präsident an, gegen alle deutschen Kriegsschiffe zwischen Island und den USA offensiv vorzugehen.

In Berlin begannen die Planungen für einen »Paukenschlag« der U-Boote gegen den Schiffsverkehr vor der Küste der USA.

Endlich glaubten deutsche Techniker, eine wirksame Waffe gegen das britische Ortungssystem Asdic gefunden zu haben: »Bold«, ein zylindrischer Körper, ließ nach seinem Ausstoß aus einem Torpedorohr feine Wasserstoffbläschen ab, die die Asdic-Ortung zwar nicht ausschalten, wohl aber irritieren konnten. Aber schon zeichnete sich eine neue Gefahr für die U-Boote ab. Es mehrten sich Meldungen von U-Boot-Kommandanten, die tagsüber bei Unterwasserfahrten und auch nachts von Flugzeugen aus dichten Wolken heraus gezielt angegriffen worden waren. Die Erklärung hierfür konnte sein, daß die Briten über ein Flugzeugradar verfügten. Fachleute stritten diese Möglichkeit jedoch ab. In der Tat war bereits im Februar 1941 schon das erste U-Boot nach einer ASV(»Air to Surface Vessel«)-Ortung beschädigt worden. Nach britischen Quellen erfolgten Ende 1941 bereits 94 Prozent aller U-Bootortungen bei Nacht durch ASV.

Dagegen fand sich zunächst eine primitive Abwehrwaffe: der einfache französische Rundfunkempfänger Metox. Er warnte über ein aufzusteckendes Antennenkreuz vor den Radarstrahlen im Frequenzbereich von 1,40 bis 1,80 Meter. Er schaffte aber auch viel Unruhe und Unsicherheit bei den Bootsbesatzungen. Erst später, 1943/44, folgten die FuMB-Geräte »Borkum« und »Wanze«, bei denen die Antennen durch Runddipole ersetzt waren. Doch der Gegner schlief nicht: Eine britische Eskortgruppe unter

Bild oben: U-Boote der VII-C-Klasse rüsten sich für eine neue Feindfahrt mit Torpedos aus. Bild rechte Seite oben: ein britischer Zerstörer der „Hunt“-Klasse bei einem Wasserbombenangriff. Die „Hunts“ zählten zu den gefährlichsten U-Boot-Jägern.

Bild rechte Seite unten: U-Boot auf Sichtfahrt in den Gewässern um Malta. Seit dem Ausbruch der Kämpfe in Nordafrika hatten Dutzende deutsche Boote zur Unterstützung der schwachen italienischen U-Boot-Waffe den Befehl zum Marsch ins Mittelmeer erhalten.

Captain Walker entwickelte aus ihrer Taktik die berüchtigten »Killergroups«, zu denen dann ab 1943 noch die Support-Gruppen stoßen sollten.
Zum Ende des Jahres 1941 waren die Verluste an U-Booten dann doch höher als erwartet. 32 U-Boote kehrten in diesem Jahr nicht zurück. Zwar standen dieser Zahl etwa fünfmal so viele neu in Dienst gestellte U-Boote gegenüber, und die Briten hatten 2,2 Millionen BRT an Schiffsraum verloren. Das konnte aber nicht darüber hinwegtäuschen, daß sich die Relationen verändert hatten. Ab 11. Dezember 1941 mußte der Krieg auch gegen die See- und Luftstreitkräfte der Vereinigten Staaten von Amerika geführt werden. Die Zahl der U-Boot-Abwehrkräfte vervielfachte sich dadurch. Die Liberty-Schiffe liefen seit dem 27. September vom Stapel; 312 befanden sich zu diesem Zeitpunkt in Auftrag. In Deutschland rechnete man damit, daß die Alliierten im Jahr 1942 etwa sieben Millionen BRT Schiffsraum neu bauen würden. Dönitz hielt diese Schätzung eher noch für zu niedrig.
Auf der anderen Seite konnte Dönitz den bereits im September geplanten »Paukenschlag« gegen die amerikanischen Küstengewässer wegen des überraschenden japanischen Angriffs auf Pearl Harbor mit nur fünf großen Booten vom Typ IX erst ab Mitte Januar 1942 eröffnen. Er wollte die Operationen der seit dem 22. November im Gebiet westlich und östlich von Gibraltar fahrenden Boote (wegen der in Nordafrika entstandenen kritischen Situation) nicht schwächen. Nach Aufhebung der Bindung an Gibraltar stellte er die Konvoioperationen im Nordatlantik ein und verlegte Mitte Januar den Schwerpunkt vor die amerikanische Ostküste und die Seegebiete vor den kanadischen Häfen.
Trotz des immer noch akuten Mangels an Frontbooten hatte Dönitz auf Drängen Hitlers eine Kampfgruppe in das Nordmeer für den Murmansk-Geleitzugkampf abgestellt. Es war die Gruppe »Neptun«, die aus nur drei Booten bestand und erstmals einen Murmansk-Geleitzug (PQ 8) angriff.
Zusätzlich befahl Hitler, zwölf aus der Heimat ausmarschierende VII-C-Boote

westlich der Hebriden und der Färöer-Inseln bereitzustellen. Die britischen Geheimdienste hatten in einem großangelegten Täuschungsmanöver den Eindruck erweckt, daß eine Invasion in Norwegen geplant sei. Hitler war darauf hereingefallen, und auf seine Weisung blieb dieser Raum auch weiterhin von einer Bootsgruppe besetzt, die hier nur gelegentlich Ziele fand und in den Hauptoperationsgebieten fehlte.
Mitte Februar 1942 weitete der BdU mit frontklaren U-Schiffen vom Typ IX den U-Bootkrieg auch auf die karibischen Gewässer aus, wo sie vorwiegend vor den Ölverladehäfen und später im Golf von Mexiko operierten. Das Merkmal der Schlacht vor Amerikas Küsten war ohnehin die Vernichtung einer hohen Zahl von Tankern. Hampton Roads, North Carolina und Kap Hatteras wurden zu den Angelpunkten der Kräftekonzentration; deutsche U-Boote jagten hier vornehmlich einzelfahrende Tanker. Vom 15. Januar bis 10. Mai verlor der Gegner allein in den amerikanischen Operationsräumen 303 Schiffe mit 2 015 252 BRT, darunter 102 Tanker mit 927 000 BRT. Die amerikanischen Piloten und U-Bootjäger mußten ihre Erfahrungen machen. Erst vier Monate nach Kriegsausbruch wurde das erste deutsche Boot, U 85 (Greger), von einem US-Küstenwachboot versenkt. Die Versenkungsverluste bei den Alliierten stiegen weiter.
Trotz aller Anstrengungen der Alliierten, verlorene Tonnage durch Neubauten auszugleichen, zehrten solche Verluste an der Substanz, von noch schwerer zu ersetzendem Personal zu schweigen.
In den April fiel auch der erste planmäßige Versuch einer Rudeloperation bei Neufundland. Hier versenkten die deutschen U-Boote bei nur vier Eigenverlusten mehr als eine halbe Million BRT. Das blieb ungefähr auch der Schnitt der nächsten Monate.
Der Schwerpunkt aber lag wieder im Atlantik. Hier hatte sich ein System herausgebildet: Aus Frankreich auslaufende und aus der Heimat hinzustoßende Boote kümmerten sich außerhalb der Reichweite landgestützter Flugzeuge um die von der britischen Insel westwärts gehenden Konvois bis unter die amerikanische Ostküste. Im Nordosten der Bermudas wurden die Boote von einer »Seekuh« (Versorgungsboot) versorgt, um sich dann wieder der von New York oder Halifax ostwärts marschierenden Konvois anzunehmen. Anschließend liefen sie entweder in Frankreich ein, wo man inzwischen bombensichere U-Bootbunker gebaut hatte, oder sie wurden, wenn sie noch genügend Brennstoff und Torpedos hatten, erneut gegen einen westgehenden Geleitzug eingesetzt.
Im sturmreichen Winter 1942/43 sanken die monatlichen Erfolge bis unter die 200 000-BRT-Grenze; aber trotz schwerer Orkane gab es im März bei den Geleitzugschlachten Höhepunkte: In den ersten zehn Tagen dieses Monats wurden 41 Schiffe mit 229 949 BRT versenkt, in der nächsten Dekade 44 Schiffe mit 282 000 BRT. Ebenfalls im März vernichteten 31 der grauen Wölfe bei ihren Angriffen auf die Konvois SC 122 und HX 229 mit 71 Torpedos bei 26 Treffern 21 Schiffe mit 140 842 BRT – bei Sturm, Hagel, Schnee und hoher See die größte und wohl auch schwerste Geleitzugschlacht des Zweiten Weltkriegs.
Auch auf den Nebenkriegsschauplätzen waren die U-Boote präsent. Eine Kampfgruppe operierte im Oktober 1942 sehr erfolgreich vor Kapstadt, womit sich eine Entwicklung abzeichnete, Boote auch in den Indischen Ozean zu schicken. Kleine U-Boote vom Typ II C wurden auf dem Landweg zu Operationen im Schwarzen Meer gebracht.
Am 12. September 1942 versenkte U 156 (Hartenstein) den 19 965 BRT

Der Eintritt der USA in den Krieg im Dezember 1941 befreite zwar die deutschen U-Boote von Einschränkungen im Handelskrieg, brachte aber auch zugleich die zweitgrößte Marinestreitmacht der Welt in den Seekrieg gegen Deutschland. Ein paar Boote wurden zu Operationen vor die nordamerikanische Küste beordert, wo sie anfangs dank der noch ungeübten Abwehr „leichtes Spiel“ hatten. Tag und Nacht schossen die Brandfackeln torpedierter Tanker in den Himmel. Bild oben: Nach einem Torpedovolltreffer versinkt der US-Tanker „Resor“ 20 Meilen vor der Küste von New Jersey. Bild linke Seite: Rückkehr von U 69 nach erfolgreicher Feindfahrt.

großen Truppentransporter »Laconia«, 550 Seemeilen von Las Palmas entfernt. Das Schiff hatte neben den 463 Besatzungsmitgliedern 286 britische Urlauber, 1800 italienische Kriegsgefangene und 80 Frauen und Kinder an Bord. Dönitz beorderte die Boote U 506 und U 507 zur Versenkungsstelle, um die Überlebenden zu retten. Die Rettungsaktion zog sich über fünf Tage hin. Ein Drittel der Überlebenden ging an Bord

der U-Boote oder in Rettungsboote, die von den Unterseebooten in Schlepp genommen wurden. Am 16. September griff ein viermotoriges amerikanisches Bombenflugzeug an – ohne Rücksicht auf Freund oder Feind. U 156 wurde, obwohl es die Rot-Kreuz-Flagge zeigte, direkt angegriffen und schwer beschädigt. Keines der drei Boote hatte seine Flakwaffen zur Abwehr eingesetzt. Nach diesem Zwischenfall verbot der BdU jede Rettung von Angehörigen versenkter Schiffe. Der Seekrieg wurde dadurch noch unerbittlicher.

Zu dem Krieg der Waffen trat auch der Kampf der Techniker und Wissenschaftler in ein neues Stadium. War für die Alliierten zur »groben« Beobachtung der deutschen U-Bootbewegungen die Funkpeilung des U-Boot-Funkverkehrs von Land aus schon ein großer Vorteil, so gelang ihnen nun ein neuer Fortschritt: Mit einem auf Geleitfahrzeugen eingebauten Kurzwellenpeiler, dem HF/DF (Huff-Duff-Gerät), waren die Alliierten jetzt in der Lage, auch die bis zu 30 Seemeilen reichenden »Bodenwellen« der Kurzsignale von U-Booten anzupeilen. So konnte erstmalig das mit dem HF/DF-Gerät FH 3

Bild oben: Mit einem Torpedofangschuß versenkt U 68 vor Kap Palmas den britischen 7000-Tonnen-Dampfer „Beluchistan“ (März 1942).
Bild rechte Seite: An Deck von U 507 drängen sich von der Besatzung aufgefischte Schiffbrüchige der „Laconia“.

Sofort nach Versenkung dieses britischen Truppentransporters (September 1942), der 1800 italienische Kriegsgefangene an Bord hatte, begannen die Deutschen mit den Bergungsarbeiten und baten in offenem Funkspruch um internationale Unterstützung.

ausgerüstete Rettungsschiff »Toward« eine Fühlunghaltermeldung des U 155 am Konvoi ONS 67 anpeilen.
Den ersten Erfolg erzielte man am Konvoi WS 17. Sicherungszerstörer konnten nach einem von Eskortschiffen angepeilten Fühlungshaltersignal das U-Boot U 587 orten und versenken. Als im Juni U 94 als Fühlunghalter gebombt wurde, vermutete sein Kommandant, Oberleutnant zur See Otto Ites, einen Zusammenhang zwischen der Fühlunghaltermeldung und dem Wasserbombenangriff. Beweisbar scheiterten einige größere Geleitzugoperationen der U-Boote, weil dem Konvoi nach dem Unterwasserdrücken oder Versenken des fühlunghaltenden U-Bootes eine nicht mehr von den Booten kontrollierte Ausweichbewegung gelang. Es wird behauptet, daß durch die seit Dezember 1942 vorübergehend wieder mögliche Entzifferung des U-Boot-Funkschlüssels und die Ergebnisse vor allem der landgestützten Funkpeilung von den 174 Konvois zwischen Juli 1942 und Mai 1943 105 (60 Prozent) um die Aufstellung deutscher U-Boote herumgeführt werden konnten; nur 69 Konvois (40 Prozent) wurden von den deutschen U-Booten erfaßt, von denen wiederum durch bordgestützte Funkpeilung 23 ohne Verluste entkamen.

Ein weiteres Feld war die Beobachtung und die Entzifferung des Funkverkehrs, die von beiden Seiten mit viel technisch-wissenschaftlichem Aufwand betrieben wurde. Nachdem 1940 die britischen Schlüsselverfahren geändert worden waren, gelangen dem deutschen B-Dienst (Beobachtungsdienst) 1942 wieder tiefe Einbrüche in das alliierte Schlüsselsystem, so daß dem BdU der Konvoi-Rhythmus, die Fahrpläne und ab 1943 auch die tägliche U-Bootlagemeldung der Alliierten bekannt waren. Auf der britischen Seite arbeitete die Entzifferungsorganisation in Bletchley Park, um Details über die deutsche U-Bootführung zu erfahren. Aber auch hier möge man sich vor Überschätzungen hüten: So hat der deutsche B-Dienst in den ersten 20 Tagen des März 1943 35 in See befindliche Konvois erfaßt. Von den 175 FTs des Gegners wurden aber nur zehn so rechtzeitig entschlüsselt, daß dem BdU noch gezielte Operationen seiner U-Boote möglich waren. Auch bei den Alliierten spielte das Zeitproblem bei der Entzifferung eine wesentliche Rolle.
In der direkten U-Bootbekämpfung suchte der Gegner weiter nach besseren Methoden. Der »Hedgehog« (Igel) war eine der neuen Waffen: Er machte die Asdic- oder Sonarortung auch während der Bekämpfung getauchter Boote möglich. Das war früher beim Einsatz von Wasserbomben nicht der Fall. In einen Kasten wurden 24 geschoßähnliche, mit dem neuen Sprengstoff Amatol versehene Ladungen von je 16 kg Gewicht geladen und so angeordnet, daß die Geschosse einzeln, in Serien oder auch im Pulk »geschossen« werden konnten. Ihr raketenähnlicher Antrieb befand sich nicht mehr im Abschußstempel wie bei den Wasserbomben, sondern im Geschoß selbst. Die neue Waffe stellte im Umkreis bis zu 45 Metern eine wirksame Verbesserung der »Tiefenladungen« dar. In der Geleitzugtechnik erlaubten neuerdings für die Eskortschiffe mitgeführte Ölversorger weiterreichende Ausweichmanöver als bisher. Das war besonders im Hinblick auf die HF/DF-Peilungen wichtig.

Auf dem Gebiet der Radartechnik hatte am 14. April 1943 die britische Korvette »Vetch« Erfolg. Sie ortete mit dem neuen 9-cm-Radar-Typ 271 U 252 (Lerchen), als es den Konvoi OG 82 angreifen wollte. Die Wirksamkeit dieses Schiffsradars ist sicherlich lange Zeit überschätzt worden. Die niedrige U-Bootsilhouette erschwerte die Ortung mit diesem Gerät. Viele Erfolge, die man ihm zuschrieb, mögen vielmehr von HF/DF-Geräten erziehlt worden sein.
Mit wachsendem Aktionsradius der Flugzeuge wuchs die Bedrohung der Boote durch die Dezimeter-Radarortung aus Flugzeugen, vor allem westlich der Biskaya. Obwohl auch sie mit neuen FuMB-Geräten eingepeilt werden konnte, gelang das nicht immer rechtzeitig. Es mußte für die U-Boote erst zur tödlichen Wende im Monat Mai 1943 kommen, um zu erfahren, wie recht Dönitz hatte, als er im Frühjahr das Oberkommando der Wehrmacht (OKW) beschwor: »Das U-Boot ist Deutschlands Luftschutzkeller. Es muß von der Wasseroberfläche verschwinden.«
Bereits im Frühjahr 1942 hatte Dönitz im Hinblick auf die Entwicklung der gegnerischen Ortung auf kürzeste Wel-

Da die US Navy Ende 1941 Kräfte für den Pazifikkrieg abziehen mußte, wirkte sich die amerikanische Materialüberlegenheit im ersten Halbjahr 1942 noch nicht aus. In diesen Monaten schien sich der Sieg in der Atlantikschlacht den Deutschen zuzuneigen, die allein im Juni an die 600.000 BRT versenken konnten.

Bild oben: Nach wochenlangem Einsatz in der „Atlantikschlacht“ kehrt dieses ramponierte U-Boot in seinen Stützpunkt zurück. Bilder rechte Seite: Arbeitseinsatz an Bord eines U-Bootes, notdürftig gesichert auf dem umspülten Bootsdeck (oben) und in der heißen Enge des Dieselraums (unten).

len in einer Denkschrift gewarnt und gefordert:
„Das radikalste Mittel ist: Wir müssen mit einem totalen, d.h., für lange Unterwasserfahrten geeigneten U-Boot-Typ ins Wasser hinein;
die Arbeiten an den Walter-U-Booten müssen beschleunigt werden;
darüber hinaus ist zu prüfen, ob die Entwicklung des totalen U-Bootes nicht auch auf anderem Wege möglich ist;
es ist eine gemeinsame Kommission OKM-BdU zu bilden, um die Sorgen in realisierbare Baupläne umzuwandeln."
Das OKM verhielt sich, was die Kommission anging, ablehnend. Man tue in der Frage der Walter-U-Boote und anderer neuer Bootstypen das nur irgend Mögliche. Gewiß, man tat etwas hinsichtlich der Walter-U-Boote, aber nicht genug, und das nicht erst seit Kriegsbeginn, sondern schon seit Jahren; schon seit 1933, als der noch unbekannte Germaniawerft-Schiffbauingenieur und spätere Professor Helmuth Walter einen detaillierten Vorschlag für ein US-Boot (Untersee-Schnellboot) einreichte. Erst im Sommer 1942 war es soweit, daß die Bauaufträge für je zwei Versuchsboote vom 250 t großen Typ XVII-Entwurf erteilt wurden. Diesem folgte die Bestellung von je zwölf Booten vom verbesserten Typ XVII B und XVII G bei den Werften, eine Serie, die sofort begonnen werden sollte, sobald praktische Erfahrungen mit der Walter-Anlage vorlagen. Die ersten Versuche damit begannen bereits im Mai 1943; der Bau der Boote kam jedoch, da keine Dringlichkeitsstufe vorlag, nur langsam voran. Neben den kleinen Walter-U-Boot-Typen stand auf Drängen von Dönitz auch ein größeres Walter-Boot (Projekt Pr. 476) an: der 1485/1652 t große Typ XVII, dessen Linien von der eleganten Form vom Typ XVII (Wa 201) abgeleitet worden waren. Nach Vorlage der Konstruktionsunterlagen im November 1942 verlangte Dönitz das Anlaufen einer Großserie dieser U-Schiffe. Aber der sonst so optimistische Walter zögerte. Er wollte – außer zwei großen Booten einer Nullserie – die Ergebnisse der ersten Boote vom Typ XVII abwarten.
Urplötzlich, quasi über Nacht, ging die Entwicklung einen völlig anderen Weg.

Deutsche U-Boote im St.-Lorenz-Strom

Bericht der »Chicago Daily Tribune«, 13.5.1942

Ein feindliches U-Boot schlüpfte durch die starke Verteidigung vor der Küste Kanadas am Montag und torpedierte zum erstenmal in der Geschichte ein Schiff auf dem inneren Wasserweg des Dominions. Heute vormittag wurde mitgeteilt, daß 87 oder 88 Überlebende des getroffenen Frachters an Land gekommen sind. Einige Besatzungsmitglieder sollen schwer verwundet sein.

42 Gerettete erreichten gemeinsam einen Punkt an der Küste, 43 oder 44 einen anderen. Eine Frau und ein Kind trieben allein in einem Rettungsboot bei einem Fischerdorf an, wie die verfügbaren Informationen besagen.

Wie aus den Berichten hervorgeht, wird niemand vermißt. Alle Überlebenden wurden in eine nahe gelegene Stadt gebracht und die Verwundeten in ein Krankenhaus.

Die erste Verlautbarung über den Angriff kam aus Ottawa von Marineminister Angus Macdonald. Den Namen des Schiffes und die Stelle, wo es versenkt wurde, teilte er nicht mit. Künftig, so sagte er, würden Schiffsversenkungen im Strom oder Golf nicht mehr bekanntgegeben, da solche Informationen dem Feind helfen könnten. Er fügte hinzu: »Ich glaube jedoch, daß die kanadische Öffentlichkeit über die Anwesenheit feindlicher U-Boote in unseren Hoheitsgewässern unterrichtet werden sollte. Ich kann versichern, daß alle Schritte unternommen werden, um die Lage in Griff zu bekommen.«

Bereits im Februar 1943 war der Gedanke im K-(Konstruktions-)Amt der Marine aufgetaucht, den für die zusätzliche Walter-Anlage beanspruchten Raum im großen Walter-U-Boot vom Typ XVIII einer dreifachen Batteriekapazität nutzbar zu machen: »Wenn schon ein so großes Boot, dann kann man auch mit konventionellen Antriebsmitteln sehr viel mehr erreichen als bisher.« Mitte April wurde bereits der ausgereifte Gegenentwurf zum Walter-U-Boot-Typ XVIII als Elektroboot vom Typ XXI Dönitz vorgelegt. Er war auf jeden Fall problemloser als die mit dem hochempfindlichen Perhydrol arbeitende Walter-Anlage, obwohl man unter Wasser auch keine 26 Knoten für etwa fünf bis sechs Stunden Angriffs-AK-Fahrt erwarten durfte. Immerhin würden bei voll aufgeladenen Batterien unter Wasser 18 Knoten für anderthalb Stunden oder 12 bis 14 kn für zehn Stunden möglich sein. Ein solches U-Boot, auf dem man mit Hilfe einer hydraulischen Schnelladevorrichtung in 20 Minuten 18 Torpedos abfeuern wollte, würde allen Typen mit dieselelektrischen Antrieb überlegen sein. Trotz seiner Größe von 1621/2100 t sollte der neue Typ auch im Geleitzugkampf im Nordatlantik eingesetzt werden. Dönitz entschied sich für eine sofortige Fertigkonstruktion in großen Serien. Man war sich der Vorzüge des neues Typs so sicher, daß gar nicht erst der Versuch gemacht wurde, eine Nullserie aufzulegen.
Ähnlich lagen die Dinge bei dem kleinen Walter-U-Boot, für das die Herren im K-Amt ebenfalls einen Gegenentwurf parat hatten: das kleine Elektroboot vom Typ XXIII.
Noch eine weitere, für die Marine wichtige Entscheidung war gefallen: Am 31. März 1943 wurde Albert Speer, Reichsminister für Rüstung und Munition, die Marinerüstung und damit der U-Boot-Bau vollverantwortlich übertragen. Es war fünf Minuten vor zwölf.
Inzwischen hatten die Alliierten in aller Stille ein neues Funkmeßgerät, das H2S-Panoramagerät, entwickelt, dessen 9-cm-Wellen von dem deutschen Funkmeßbeobachtungsgerät »Metox« nicht mehr erfaßt werden konnten. In Küstennähe vom Land aus und auf See von den Trägern der sechs Support-

Bei hoher Dünung durchpflügt ein aufgetaucht fahrendes deutsches U-Boot den Atlantik (Bild oben). Mit angespannter Aufmerksamkeit suchen die Ausgucker vom Turm aus den Horizont und den Himmel ab, ob Beute winkt oder Gefahr zum Tauchen zwingt.

Bild linke Seite: Ein Volltreffer mittschiffs hat diesen englischen Öltanker in ein brennendes Inferno verwandelt. Da die Tanker die wertvollsten und zugleich gefährlichsten Güter in den Versorgungskonvois transportierten, wurde ihnen auch in der Regel die bestmögliche Deckung durch die Geleitschutzverbände zuteil.

groups setzten sie im Mai 1943 schlagartig Flugzeuge mit dem neuen Magnetrongerät ein; auch über dem »Black Pit« im Nordatlantik, das die fetteste Weide der U-Boote war und das jetzt von VLR-(Very Long Range-)Bomben kontrolliert wurde. Eingewiesen vom Peilstrahl des H2S, näherten sie sich überall, wo U-Boote aufgetaucht fahren mußten, um die erschöpften Batterien wieder aufzuladen. Die Nacht oder dicke Wolkendecken boten keinen Schutz mehr.

In diesem Monat »starben« 41 deutsche Front-U-Boote, 37 davon im Nordatlantik. Der größte Teil (21) wurde das Opfer von Flugzeugen, einen Teil vernichteten die an oder in der Nähe von Geleitzügen operierenden, gut aufeinander eingespielten Escort-groups, denen die neuen U-Bootbekämpfungswaffen »Hedgehog« und die Tiefwasserbombe »Torpex« zur Verfügung standen. Zur gleichen Zeit fast waren auch die automatisierten Funkpeildienste an Land und an Bord der Sicherungsfahrzeuge auf breiter Ebene eingesetzt gewesen. Die Katastrophe war durch gleichzeitiges Wirksamwerden verschiedener Faktoren ausgelöst worden.

Lähmendes Entsetzen brach über die Befehlsstelle des BdU herein. Es war eingetreten, was Dönitz seit langem befürchtet hatte. »Wir haben die größte Krise der U-Bootführung zu bestehen«, erklärte er im Führerhauptquartier nach diesem Totentanz im Niemandsland nordatlantischer Seeräume, in denen die Alliierten außer der Masse an Flugzeugen über 2600 Kriegsfahrzeuge zum Schutz ihrer Geleitzüge eingesetzt hatten. Das war der Erfolg der alliierten Anstrengungen nach der »Atlantic-Con-

voy-Conference« vom März 1943 (»Der Sieg über die U-Boote ist die Grundvoraussetzung für jede weitere Operation«): Von der dritten Maiwoche an ging sogar überhaupt kein Schiff mehr auf der Nordatlantikroute verloren.
Dönitz entschloß sich am 24. Mai, den Geleitzugkampf bis zur Auslieferung neuer Waffen vorübergehend einzustellen. Brennstoffstarke Boote wurden nach Süden abgezogen, brennstoffschwache Boote locker über den Nordatlantik verteilt. Sie sollten durch verstärkten Funkverkehr dem Gegner das Vorhandensein starker Gruppen vortäuschen. Ganz abziehen konnte und durfte Dönitz die U-Boote aus dem Nordatlantik nicht, denn noch immer banden sie alliierte Luftstreitkräfte über See. Doch die U-Boote waren nicht mehr Deutschlands Luftschutzkeller. Nach der Aufgabe der Geleitzugschlachten im Nordatlantik hatte der Gegner große Teile seiner Luftstreitkräfte für andere Ziele frei. Hamburg traf der erste Schlag: Tausend Bomber legten zwischen dem 25. und 30. Juli die Hansestadt in Schutt und Asche. 30 500 Hamburger starben.
Auf See hielten die Verluste an. Im Juni sanken 17 Boote (elf davon durch Flugzeuge), im Juli waren es 37 (30) Verluste, die auch zur Reduzierung der Fernunternehmen führten. Der Ausfall von U-Tankern zwang überdies zum Abbruch entfernter Operationen mit mittleren Booten.
Ende Juli glaubte man, die Ursache für die hohen U-Bootverluste gefunden zu haben: Sie liege in der Einpeilung der von den an Bord befindlichen Überlagerungsempfängern ausgestrahlten Zwischenfrequenz durch den Gegner. Das neue FuMB-Gerät »Zypern« (auch Wanze genannt) brachte jedoch keine Abhilfe. Selbst der völlig strahlungsfreie Detektorvorsatz FuMB 10 »Borkum« bot im Ortungskrieg keinen Schutz, da er nur bis etwa 20 cm Wellenlänge arbeitete. Erst die gründlichen Untersuchungen eines im Frühjahr bei Rotterdam abgeschossenen Feindflugzeuges wiesen über das dabei gefundene versuchsweise eingebaute H2S-Gerät den Weg. Im Juni wurde das FuMB 7 »Naxos« fertig. Seine Reichweite war mit nur fünf Kilometern viel zu gering, um Überraschungsangriffe aus der Luft auszuschließen. Die Unsicherheit blieb. Hatte der Gegner abermals neue Ortungsmethoden? Erst die im Mai/Juni 1944 eingebaute Peilkombination »Tunis« mit der Dipolantenne »Fliege« für 9-cm-Wellen und mit dem Hornstrahler »Mücke« für das neue amerikanische 3-cm-Radar verbesserte mit Reichweite bis zu 70 km die Lage.
Verbesserungen im U-Bootkrieg erhoffte man auch durch eine Verstärkung der U-Boot-Flak, die der Anbau eines »Wintergartens« an die Turmbrücke ermöglichte. Doch mußte die U-Bootführung bald erkennen, daß auf diesem Weg die alte Kampfkraft der Boote bewährter Typen nicht zurückzugewinnen war. Eine wirkliche Verbesserung der Lage versprach der Luftmast mit dem Suggestivnamen »Schnorchel«, den die Holländer zur Durchlüftung ihrer U-Boote in der kolonialen Tropenfahrt benutzt hatten. Es war (ausgerechnet) Helmuth Walter, der diese Idee im Frühjahr 1943 aufgriff, damit U-Boote mit einem Schnorchel als Frischluft- und Auspuffrohr auch bei Unterwassermarsch mit Dieselantrieb fahren konnten. Das Problem, den Schnorchelkopf auch bei Seegang funktionsfähig zu halten, wurde ebenso gelöst wie jenes, den anfangs starren und dann beiklappbaren Schnorchel gleich dem Sehrohr ein- und ausfahrfähig einzubauen. Auch für die in ihrer Turbinenfahrt begrenzten Walter-U-Boote war der Schnorchel ein Geschenk. Bereits im Juni 1943 lag die erste Versuchsausführung vor, aber erst im September konnte ein klappbarer Schnorchel auf den VII C-Booten U 235 bis U 237 ein-

Bild rechts: Der Maat im Bugraum meldet, daß der „Torpedo los" ist. Doch über Wasser lockt nicht nur Beute, sondern lauert auch der Feind. Die Revolutionierung der Radartechnik durch das von britischen Wissenschaftlern entwickelte Magnetron, eine leistungsstarke Senderöhre für scharf gebündelte Zentimeterwellen, bescherte den Angloamerikanern seit Sommer 1942 die siegreiche Wende in der „Schlacht im Atlantik". Die deutschen U-Boote konnten jetzt zielgenau geortet werden.
Bilder linke Seite: Angriff britischer Kampfflugzeuge auf ein deutsches U-Boot in drei Phasen: „Anflug" (oben), „Treffer" (Mitte), „versenkt" (unten). Der Ölfleck zeigt das Grab des U-Bootes an.

gebaut und mit Erfolg erprobt werden. Die Front war skeptisch: Schnitt der Schnorchel bei Seegang unter – etwa bei Unaufmerksamkeit des Tiefenrudergängers –, schloß sich automatisch das Schwimmerventil am Schnorchelkopf. Der Diesel riß dann die Luft aus der Röhre. Der Zustand im Boot war fast so schlimm, wie wenn ein Mensch in einer Sekunde von null in 4000 bis 5000 m Höhe geschleudert würde: Den Männern drohten die wahnsinnig schmerzenden Trommelfelle zu zerreißen. Ohnmachtsanfälle stellten sich ein.

Noch übler waren Qualmeinbrüche, wenn das Personal nicht ganz exakt zusammenarbeitete. Wurde nämlich eines der Abgasleitungsventile nicht rechtzeitig beim Anlassen der Motoren geöffnet, drangen die CO_2-Abgase ins Boot. Mehrmaliges Abwürgen des Dieselmotors konnte zu Personalausfällen führen. So setzte sich denn der Schnorchel, dessen Betrieb mit einer eingefahrenen Besatzung überhaupt nicht schwierig war, erst allmählich durch. Dann aber meldeten schnorchelbetriebene U-Boote in zunehmendem Maße Erfolge selbst in Seegebieten, die bei den Briten bislang als U-Boot-sicher galten.

Große Hoffnungen setzten die U-Boot-Männer auf die neuen, lagenunabhängigen Torpedos, die schleifenförmig die See abharken konnten, und auf den G 7 ES »Zaunkönig« (T 5), der im Herbst 1943 einsatzbereit war. Der T 5 war ein Torpedo, der sich Ziele mit Geschwindigkeiten von 10 bis 18 Knoten, Eskortschiffe also, selbst suchte, indem er auf deren Schraubengeräusche ansprach.

Mit bis zu acht 2-cm-Flak, neuen FuMB-Geräten und den streng geheimgehaltenen T 5 an Bord wurden ab Mitte September 1943 die grauen Wölfe von Dönitz wieder für Rudeloperationen angesetzt. Die Erfolgsmeldungen gegen die ersten Konvois ON 202 und ONS 8 stimmten trotz zweier Eigenverluste den BdU optimistisch: Außer vier Frachtern sollten zwölf Eskortschiffe versenkt worden sein. In Wahrheit detonierten die meisten der 24 auf die Eskortschiffe geschossenen T 5 jedoch wirkungslos im Kielwasser, oder sie gingen fehl. Nur vier trafen ihre Ziele, von denen die Fregatte »Lagan« nur schwer beschädigt wurde. Diese Überschätzung der T 5-Wirkung darf indessen nicht als Leichtfertigkeit ausgelegt werden, denn die Boote mußten nach einem T 5-Schuß sofort tauchen und konnten den Erfolg nicht beobachten. Man hörte die T 5-Detonationen und war vom Verlust des beschossenen Eskortschiffes überzeugt. Ähnlich stand es in den Folgemonaten um die Konvois, bei denen der Gegner auf den Eskortschiffen »Foxer« genannte Geräuschbojen im Kielwasser fuhr. Neu beim Gegner war auch ein »Fido« genannter akustischer U-Jagd-Torpedo, der aus Flugzeugen abgeworfen wurde. Die massierte Flak nutzte nur hier und

Reykjavik auf Island und der sowjetische Eismeerhafen Murmansk waren Ausgangs- und Endpunkt der alliierten Hilfskonvois nach Rußland. Bild oben: U-Boot-Männer mit Südwester im Ausguck auf der Geleitzug-Route. Bilder rechte Seite: ein britischer Zerstörer inmitten haushoher Wellenberge des Nördlichen Eismeers auf Geleitschutzfahrt (oben); Luftaufnahme von Murmansk im Bombenhagel der deutschen Luftwaffe (unten). Trotz der zahlreichen U-Boot-Attacken und heftigen Luftangriffe kam auf diesem Wege immer mehr Kriegsmaterial in die Sowjetunion.

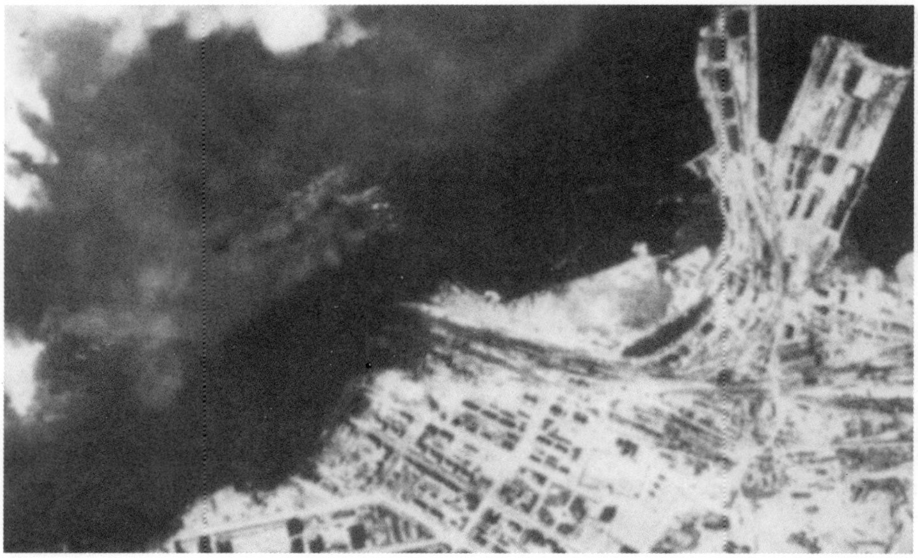

dort oft nur bedingt und mit schrecklichen Folgen; so im Oktober beim Angriff auf die Konvois ON 206 und ONS 20: Um die in der Nähe der beiden Geleitzüge verstreuten Boote heranzubringen, gab Dönitz den FT-Befehl, sich den Weg gegen die starke Luftsicherung aufgetaucht mit der Flak freizuschießen. U 844, U 964 und U 470 schossen eine Liberator ab und beschädigten eine andere, wurden jedoch selbst nacheinander versenkt. Nur U 426 kam an ONS 20 heran und versenkte einen Frachter. Bei Angriffsversuchen weiterer Boote, die durch die starke Luftsicherung immer wieder abgedrängt wurden, gingen noch drei Boote verloren, während der Feind nur noch ein Flugzeug verlor. Dieses eine Beispiel mag genügen.

Die Hoffnung, wieder Geleitzugschlachten im Nordatlantik führen zu können, erfüllte sich nicht – trotz kampfstarker Gruppenaufstellungen – wie »Hai« mit 22 Booten oder »Igel« I und II mit 28. Im März 1944 löste Dönitz die Gruppenaufstellungen auf. Mit den vorhandenen Mitteln waren planmäßige Konvoioperationen im Nordatlantik nicht mehr möglich.

Erfolge gab es nur noch im Mittel- und Südatlantik, in den südafrikanischen Gewässern und neuerdings auch im Indischen Ozean, wo ein Teil der U-Boote zur Überholung und Ausrüstung in die von den Japanern in Malaya und auf Java zur Verfügung gestellten neuen Stützpunkte einliefen. Hier fehlte es an allem: an Torpedos, die nur ein einziges Transport-U-Boot durchbrachte, an Akkubatterien oder an Weißblech etwa, das zum Eindosen von Lebensmitteln benötigt wurde und nur auf abenteuerlich krummen Wegen – ohne Einverständnis der Japaner – beschafft werden konnte.

Erfolge gab es auch im Schwarzen Meer – dorthin wurden überLand und die Donau kleine U-Boote vom Typ II B transportiert und im Mittelmeer, wo bald (am 19. Mai 1944) der letzte U-Booterfolg an einem Konvoi erzielt wurde.

Nur die neuen Elektroboote vom Typ XXI ließen hoffen, daß die Geleitzugschlachten im Nordatlantik wieder aufleben würden. Die ersten 170 Boote wurden im November 1943 in Auftrag gegeben, die Konstruktions- und Fertigungszeichnungen lagen aber erst im Dezember 1943 vor. Der Bau war weitgehend rationalisiert. Er erfolgte in drei Ebenen: 1. Der Rohsektionsbau oblag den Stahlwerken an der Küste und im Binnenland; 2. erfahrene U-Bootwerften übernahmen die maschinen- und schiffstechnischen Einbauten in die Sektionen, und 3. der Montagebau der Schübe wurde auf leistungsfähigen Großwerften im Taktverfahren ausgeführt. Je Boot vom Typ XXI waren neun Sektionen und beim Typ XXIII vier Sektionen vorgesehen. Bauvorhaben an konventionellen Typen wurden gestoppt, auch an den Walter-U-Booten – bis auf die Versuchstypen und die zwölf Boote vom Typ XVII B und G.

Zwei der Walter-Versuchsboote, U 792 von Blohm & Voss und U 794 von der Germaniawerft, konnten im November 1943 in Dienst gestellt werden. Nach Überwindung einiger Kinderkrankheiten wurde U 792 auf der Meßmeile erprobt. Kapitän zur See Sachs, Chef des UAK, fühlte sich veralbert, denn der vom Bootskommando behauptete Unterwasserdurchgang von 24 Knoten konnte mit den herkömmlichen Mitteln nicht gemessen werden. Erst quer zur Meßmeile gelegte elektrische Kabel bestätigten induktiv, was die Verantwortlichen im Boot behauptet hatten. Und es blieb nicht nur beim Wunder der schnellbootähnlichen Unterwasserfahrt: Das Boot war auch mit dem Gruppenhorchgerät (GHG) nicht zu orten gewesen. Also würde auch das gegnerische Asdic keine Ortung erbringen. Diese Erkenntnis war eine noch größere Sensation. Im März 1944 kletterte Dönitz mit gleich vier Admiralen an Bord von U 794. Nach der Fahrt drückte er dem Probefahrt-Ingenieur, Kapitänleutnant (Ing.) Heller, lange die Hand: »Das hätten wir bei mehr Vertrauen und Wagemut schon ein bis zwei Jahre früher haben können. Das Boot ist eine echte Revolution.« Der Bau an den Walter-Booten wurde neben den Großserien der Typen XXI und XIII wiederaufgenommen. Vom mittleren Typ XXVI W wurden an Blohm & Voss die Boote U 4501 bis 4600 und an die Deutsche Werft, Hamburg, die Boote U 4601 bis 4700 vergeben.

An der Atlantikfront sank im April/Mai 1944 die Bootszahl wegen der Umrüstung auf den Schnorchelbetrieb und der erwarteten Invasion auf 40 Boote. Am 6. Juni 1944, dem Tag der alliierten Landung in Frankreich, lagen von 172 Frontbooten zehn Schnorchel- und 28 konventionelle Boote in Norwegen, 13 Schnorchel- und 23 normale U-Boote in westfranzösischen Häfen. Schwere Ausfälle zwangen den BdU, die Boote

ohne Schnorchel nach dem Auslaufen zurückzurufen, während die Schnorchel-U-Boote gegen die Invasionsflotte zum Einsatz kamen. Die Erfolge waren dürftig, die Verluste erschütternd: 7 Geleitfahrzeuge, 3 Landungsschiffe und 13 Transporter bei 18 U-Boot-Verlusten.
Mit 426 U-Booten – stärker denn je – begann das Jahr 1945; doch nur 117 Boote waren frontbereit. Und nur 35 davon waren mit Schnorchel ausgerüstet. 128 der bei den Schulflottillen stehenden Boote gehörten zu den Typen XXI und XXIII, von denen 144 weitere noch im Bau waren. 245 Elektroboote sollten zum Jahresbeginn fertiggestellt sein. Knapp die Hälfte des Solls wurde erreicht. Nicht eines der Boote war bisher an die Front gekommen – alles Folgen der alliierten Bombenangriffe.
Der Schnorchel hatte es inzwischen möglich gemacht, daß auch aus dem

Je mehr U-Boote in einem „Aufklärungsstreifen" zusammengefaßt werden konnten, desto eher bestand die Aussicht, auf einen Einzelgänger oder gar einen Geleitzug zu treffen. Dann mußte Stunde um Stunde unermüdlich Ausguck gehalten werden, ob sich nicht eine Rauchwolke am Horizont zeigte. Dann begann das eigentliche, das todbringende „Kriegshandwerk".

Die Hauptwaffe der U-Boote waren die im Mannschaftswohnraum untergebrachten Bug-Torpedos, die aus vier Torpedorohren (Bild linke Seite) abgefeuert werden konnten. Bild oben: Die Kojen sind hochgeklappt, während Mechaniker zwei Torpedos zum Nachladen der Rohre vorbereiten.

Die U-Bootverluste sind zu hoch

Vortrag des Großadmirals Dönitz vor Hitler, 31.5.1943

Der Grund der augenblicklichen Krisis des U-Boot-Krieges ist die erhebliche Zunahme der Luftwaffe des Gegners. In der Enge Island-Färöer ist durch Horchdienst jetzt an einem Tage die gleiche Zahl von Flugzeugen festgestellt, die noch vor Wochen dort nur innerhalb einer Woche auftraten. Ferner Einsatz von Flugzeugträgern bei den Geleitzügen im Nordatlantik, so daß die gesamten Straßen des Nordatlantik jetzt von der feindlichen Luftwaffe überwacht sind.

Die U-Boot-Krisis würde jedoch durch die Zunahme der Flugzeuge allein nicht erfolgt sein. Das Ausschlaggebende ist, daß die Flugzeuge durch ein neues Ortungsgerät, das auch anscheinend von Überwasserfahrzeugen angewandt wird, in der Lage sind, die U-Boote zu orten und bei tiefer Wolkendecke, Unsichtigkeit oder bei Nacht dann überraschend anzugreifen.

Hätten die Flugzeuge das Ortungsmittel nicht, so würden sie z. B. bei grober See oder bei Nacht keinesfalls das U-Boot erkennen können. Entsprechend verteilen sich auch die Verluste. Der weitaus größte Teil der U-Boot-Verluste ist durch Flugzeuge erfolgt. Der Anteil an Seestreitkräften ist nur gering, obwohl infolge einer besonders unglücklichen Wetterlage (plötzlich eintretender Nebel) bei der Geleitzugoperation am 8. Mai in diesem Monat verhältnismäßig viele U-Boote (5) durch Zerstörer überrascht werden konnten. Diese Überraschung im Nebel ist auch wieder nur durch Ortungsgeräte möglich gewesen. Dieser Lage entsprechend sind auch 65 % der Verluste auf dem Marsch bzw. in Wartestellung erfolgt und nur 35 % am Geleitzug selbst. Das ist natürlich, denn den größten Teil der Unternehmung von 6-8 Wochen befindet sich das U-Boot wartend oder auf dem Marsch: Hier ist die Gefahr groß, bei Unsichtigkeit oder Dunkelheit plötzlich von einem vorher nicht feststellbaren Gegner aus der Luft angegriffen zu werden. Die Verluste sind im letzten Monat von bisher etwa 14 U-Booten, d. h., 13 % der in See befindlichen U-Boote, auf 36, wenn nicht 37, d. h., rund 30 % der in See befindlichen U-Boote angestiegen. Die Verluste sind zu hoch. Es kommt darauf an, jetzt Kräfte zu sparen, andernfalls würde nur das Geschäft des Gegners betrieben werden...

Nordatlantik, aus den Seegebieten um England (Januar 54 000 BRT, Februar 43 904, März 40 046, April 86 427) und den Küstenvorfeldern der USA wieder Versenkungen gemeldet wurden, nicht mehr jedoch aus dem Mittelmeer und nicht mehr aus dem Indischen Ozean, wo man die Kampf-U-Boote in den Stützpunkten des Südostraums zu Transport-U-Booten für Rohgummi, Wolfram, Molybdän, Zinn und Chinin umgebaut hatte, von denen aber nur wenige die Heimat erreichten.

Als die Wehrmacht am 7. Mai 1945 kapitulierte, waren von den 1174 in Dienst gestellten U-Booten 781 verlorengegangen, 721 davon durch Feindeinwirkungen an der Front; 221 Boote wurden selbst versenkt; 145 wurden den Alliierten übergeben; 26 wurden abgewrackt oder im Südostraum von Japan übernommen; ein Boot, U 977, schnorchelte in einem 66tägigen Unterwassermarsch von Norwegen nach Argentinien, wo es interniert und an die USA ausgeliefert wurde – den Goldschatz Adolf Hitlers hatte es entgegen allen Gerüchten nicht an Bord.

Während des 68 Monate andauernden Ringens hatten die Alliierten 4786 Handelsschiffe mit über 21 Millionen BRT und 178 Kriegsschiffe verloren. Die neue Waffe, die großen Elektro-U-Boote, bekamen sie (einige erfolgreiche Operationen mit kriegsbereiten Booten vom kleinen Typ XXIII ausgenommen) nicht mehr zu spüren.

Versenkte Walter-Versuchs-U-Boote wurden gehoben. In die fertigen Boote vom Typ XVII B teilten sich Briten und Amerikaner. U 1406 brachte man auf dem US-Transporter »Shoemaker« in die USA; U 1407 wurde von der Royal Navy unter dem beziehungsreichen Namen »Meteorite« in Dienst gestellt. Zwei kleinere Elektro-U-Boote vom XXIIIer Typ erhielt später die Bundesmarine als »Hai« und »Hecht«. Das aufkommende Atom-U-Boot erübrigte die vielversprechende Entwicklung der Walter-U-Boote zum Untersee-Schnellboot.

Der letzte scharfe Schuß beendet in diesen chaotischen Tagen das Leben eines Offiziers, der dem Tod an den Fronten der Meere hundertfach entkommen war: Kapitän zur See Wolfgang Lüth, Träger der Brillanten zum Ritterkreuz mit Eichenlaub und Schwertern. Am 14. Mai 1945 überquerte Lüth in der Dunkelheit das Gelände der Marineschule in Flensburg-Mürwik, deren Kommandeur er war. Er hörte den Anruf eines der deutschen Wachposten nicht, die den Befehl hatten, bei Nichtbeachtung sofort zu schießen. Der erste Schuß traf tödlich – Kapitän zur See Lüth wurde das letzte Opfer einer Waffe in deutscher Soldatenhand. So endete das Ringen um den Atlantik mit einem tragischen Irrtum so, wie es mit einem Irrtum begann, als Kapitänleutnant Lemp den Passagierdampfer »Athenia« mit einem britischen Hilfskreuzer verwechselte.

Über das Ende der Schlacht im Atlantik heißt es in einem kriegsgeschichtlichen Werk der britischen Admiralität: »Die deutsche U-Bootwaffe hat bis zum Ende mit Disziplin und Heftigkeit gekämpft. Ihre Moral war ungeschwächt. Noch in der Nacht vor der Kapitulation sanken vor dem Firth of Forth zwei Handelsschiffe und ein Minensucher...«

Bild rechte Seite: Flugbombentreffer auf ein deutsches U-Boot. Mit ihrer überlegenen Radartechnik orteten die alliierten Maschinen die deutschen Boote, sobald sie sich an der Wasseroberfläche zeigten. Das zwang die U-Boot-Führung zu einer neuen Taktik, denn praktisch konnten die Boote nicht mehr zur Überwasserfahrt übergehen, um mit ihren Dieselmotoren die Batterien aufzuladen, weil sie sonst einen Überraschungsangriff riskierten. Die Erfindung des Schnorchels (Bild links) erlaubte den deutschen U-Booten tagelanges Unterwasserfahren; der Schnorchel konnte vom Radar nicht geortet werden, weil er viel zu klein war, um auf dem Bildschirm zu erscheinen.

Nachdem im Verlauf der Operationen vor Norwegen im Frühjahr 1940 kein britisches Kriegsschiff trotz günstiger Schußpositionen erfolgreich getroffen worden war, setzte die Kriegsmarine eine Kommission zur Untersuchung der Gründe für diese „Torpedokrise" und zu ihrer Behebung ein. Es wurden massive Mängel bei der Tiefensteuerung und Probleme mit der modernen magnetischen Abstandszündung ermittelt. Als Konsequenz ergaben sich Bemühungen um die Verbesserung der Steuerung und Rückkehr zum Aufschlagzünder des Ersten Weltkriegs.

Bilder oben: Rüstungsminister Albert Speer und Großadmiral Dönitz auf der Brücke eines Kriegsschiffes bei einer Vorführung der nachgebesserten Torpedos (linke Seite); Speer am Sehrohr eines U-Bootes (rechte Seite). Bilder unten: Torpedos im Fertiglager (linke Seite) und auf dem Prüfstand (rechts), wo sie auf Lauf, Gewicht, Schwerpunkt und Steuerung kontrolliert werden.

Letzte Einsätze

Die Vorschrift hieß »Nußknacker«. Es war eine Schießvorschrift, ausgearbeitet vom Ersten Artillerie-Offizier (I.A.O.) des Schweren Kreuzers »Prinz Eugen«, Korvettenkapitän Schmalenbach. Der Inhalt der Vorschrift war nicht gerade marinemäßig; es ging um das Schießen auf unsichtbare Ziele an Land. Das übten sie, die Artilleristen nahezu aller schweren Einheiten, die der Kriegsmarine 1944 noch verblieben waren: außer »Prinz Eugen« die Schweren Kreuzer »Admiral Hipper«, »Admiral Scheer« und »Lützow« (Ex-Panzerschiff »Deutschland«), die Uralt-Linienschiffe »Schleswig-Holstein« und »Schlesien«, die Leichten Kreuzer »Emden«, »Köln«, »Leipzig« und »Nürnberg«.

Alle diese Schiffe sollten eigentlich schon Ende 1942 verschrottet werden, Hitler hielt sie für nutzlos abgesehen von ihren gewaltigen Stahlmassen (für den Bau neuer Panzer). Die Verschrottung scheiterte jedoch am erbitterten Widerstand der Seekriegsleitung, statt dessen wurden die Schiffe in der Ostsee zusammengefaßt – als »Ausbildungsverband«.

Jetzt, 1944, war man froh, daß die Schiffe noch existierten. Denn sie hatten, was an der verzweifelt kämpfenden Front überall fehlte: schwere und schwerste, weittragende Artillerie. Und es war, wenn auch nicht offiziell zugegeben, ziemlich klar, daß sich entscheidende Kampfhandlungen sehr bald in Küstennähe, also im Feuerbereich der Schiffsartillerie, abspielen würden. Deshalb wurden die großen Schiffe in den aktiven Dienst zurückgeholt, übten Landzielschießen.

Marineartilleristen sind von Haus aus Präzisionsartilleristen: Sie müssen normalerweise von schnell fahrenden und zudem schaukelnden Schiffen aus auf gleichermaßen schnell bewegte und schwankende Ziele schießen. Ihre neuen Ziele, bis zu dreißig Kilometer landeinwärts, waren meist unbeweglich, was die Sache einfach machte, aber sie waren nur selten zu sehen, was sich erschwerend auswirkte.

Die Schießmethode des Korvettenkapitäns Schmalenbachs für diese Situation war ebenso simpel wie elegant: Alles, was benötigt wurde, war eine gute Karte des Zielgebietes und ein vom Schiff aus sichtbares Hilfsziel an Land (Kirche, Leuchtturm usw.). Hatte man das, waren Richtung und Entfernung vom Schiff zum Ziel mühelos zu errechnen.

Weil das laufend zu geschehen hatte – denn die Schiffe mußten schon aus Sicherheitsgründen im Fahren feuern –, war auch gleich ein Landziel-Rechengerät entwickelt worden.

Mit diesen Hilfsmitteln schossen die Schweren Kreuzer bei einer Vorführung im Frühjahr 1944 derart präzise, daß die Beobachter der Heeresartillerie hell begeistert waren.

Der erste Einsatz der Großschiffe als schwimmende Artillerie kam eher als erwartet: Ende Juli 1944, als die Heeresgruppe Mitte unter dem Ansturm der Roten Armee zusammenbrach, stieß im Nordabschnitt die 1. Baltische Front (gleichzusetzen mit einer deutschen

Zu den bewegendsten Kapiteln des Seekriegs gehört der Einsatz der deutschen Kriegsmarine im Flüchtlingstransport in der Ostsee. Vom 1. Januar bis zum 8. Mai 1945 wurden an die 2,2 Millionen Menschen, Flüchtlinge und Soldaten, von Pillau und Danzig, von Libau und Windau, von Kolberg und Swinemünde vor der anrückenden Roten Armee in Sicherheit gebracht und in die rettenden westlichen Häfen transportiert (Bild links: Verwundete bei der Einschiffung). Vor diesem Hintergrund spielte sich die Tragödie der „Wilhelm Gustloff" ab (Bild rechte Seite: als Lazarettschiff zu Beginn des Krieges). Am 30. Januar 1945 stach der KdF-Dampfer mit 6600 Menschen an Bord bei minus 18 Grad von Gdingen (NS-deutsch: Gotenhafen) mit Westkurs in See. Um 21.08 Uhr wurde die „Wilhelm Gustloff" vor Stolpmünde vom sowjetischen U-Boot S 13 torpediert und sank innerhalb einer Stunde; 5348 Menschen kamen dabei ums Leben.

Wilhelm Gustloff

Heeresgruppe) unter dem erfahrenen Haudegen Jeremenko aus dem Raum östlich Welikije Luki bis zur Ostseeküste knapp westlich Riga vor: Damit war die deutsche Heeresgruppe Nord von ihrer Landverbindung abgeschnitten, eingekesselt.

Aber eine Kesselseite war das Meer, und da war die Marine. Die versorgte die Heeresgruppe, aber eben nicht nur das! Als am 20. August die Gruppe Strachwitz der 3. Panzerarmee antrat, um dicht an der Küste vom Westen her nach Riga durchzustoßen und die Verbindung zur Heeresgruppe Nord wiederherzustellen, stand »Prinz Eugen« in der Rigaer Bucht bereit. In einem Kämmerchen oberhalb des Artillerie-Leitstandes hockten zwei feldgraue Gestalten: Heeresfunker, die Verbindung zu Strachwitz' Panzerspitzen hielten und alsbald die Anfrage übermittelten, ob »Prinz Eugen« die starken russischen Bereitstellungen in und bei Tukkum zusammenschießen könne.

Tukkum, ein kleines Städtchen in einem Tal 15 Kilometer landeinwärts, ist ein Verkehrsknoten und eine Schlüsselstellung. Die deutschen Angreifer müssen da durch, und die Russen wissen es. Hingegen wissen sie nicht, woher plötzlich das massive Artilleriefeuer kommt, das sie mit verheerender Wucht eindeckt. Denn schon die ersten Salven – jeweils acht 20,3-cm-Granaten zugleich auf engstem Raum – liegen voll im Ziel. Verzweifelt, aber erfolglos schießen die Russen auf die Bordflugzeuge, die über dem Zielgebiet kreisen – als ob die kleinen Arados 196 so viele Bomben schleppen könnten.

Ungestört, allerdings bewacht von einem Schwarm Zerstörer und Torpedoboote, fährt »Prinz Eugen« vor der Küste auf und ab und jagt Salve auf Salve aus den Rohren, bis die deutschen Panzer den Stadtrand von Tukkum erreicht haben und um Feuereinstellung bitten. Als sich einige Zeit später der russische Widerstand versteift, wird nochmals eine Feuerwalze direkt vor die eigenen Panzerspitzen gelegt, sodann eine russische Artilleriestellung auf einer beherrschenden Höhe zusammengeschossen. Da »Prinz Eugen« weder auf dem Wasser noch aus der Luft angegriffen wird, kann Vizeadmiral Thiele,

Eine der größten Rettungsaktionen der Geschichte war nur möglich, weil die letzten schweren Überwassereinheiten, die der deutschen Kriegsmarine 1944 noch verblieben waren, den alliierten Vernichtungsversuchen und den Verschrottungsplänen des „Führers" getrotzt hatten. Unter den „alten Eimern", die zur Evakuierung des Ostflüchtlinge eingesetzt wurden, waren die „Pretoria" und die „Ubena" (Bilder oben). Im allgemeinen Durcheinander, das im letzten Kriegsjahr auf der Ostsee herrschte, kam es auch zu dem Zusammenstoß auf dem Bild rechte Seite unten: „Prinz Eugen" rammt den Leichten Kreuzer „Leipzig" im Nebel der Danziger Bucht, 15.10.1944. Bilder rechte Seite oben: alliierte Luftangriffe auf deutsche Schiffe in Norwegen.

Befehlshaber der »Kampfgruppe Thiele«, zwei Zerstörer aus seiner Bedekkung entlassen – sie fahren dichter unter Land und unterstützen mit ihren 15-cm-Rohren (für infanteristische Verhältnisse auch noch schwere Kaliber) den Vorstoß der Einheiten, die sich von Riga aus den Strachwitz-Panzern entgegenkämpfen.

Gegen Abend bedankt sich die Gruppe Strachwitz bei Thieles Kampfgruppe für die ausgezeichnete Unterstützung; der überaus wichtige Durchbruch bei Tukkum ist gelungen, die Landverbindung zur Heeresgruppe Nord wiederhergestellt – zwar nur ein schmaler Schlauch, durch den aber in den folgenden Wochen 29 Divisionen und mehrere Brigaden mit allen schweren Waffen und Geräten und über 100 000 Fahrzeugen abrücken können, eine Masse von Menschen und Material, die schwerlich über See hätte abtransportiert werden können.

Das erste größere Evakuierungs-Unternehmen der Kriegsmarine begann weiter südlich ungefähr um die gleiche Zeit: Ein wichtiger russischer Vorstoß bedrohte Ende Juli auch Memel, den nördlichsten deutschen Ostseehafen. Der erste, der das mit aller Deutlichkeit erkannte, war der Chef der in Memel stationierten 24. U-Boot-Flottille, Fregattenkpitän Merten. Er hatte, weil es keine klaren Nachrichten von der Frontlage gab, kurzerhand einige U-Boot-Offiziere mit Funktrupps zur Erkundung losgeschickt, deren Meldungen ihm sehr bald den Ernst der Lage klarmachten. Und Merten handelte: Er organisierte nicht nur die Verlegung seiner U-Boot-Schule, er setzte auch, unterstützt von Großadmiral Dönitz, gegen Gauleiter Koch die Evakuierung von Frauen, Kindern und Alten aus der Stadt und dem Umland durch. Rund 50 000 Memeler wurden auf Schiffen – von der Seetransportabteilung bereitgestellt – nach Pillau, Danzig und Gotenhafen in Sicherheit gebracht.

Gerade noch rechtzeitig: Am 5. Oktober stießen russische Gardepanzerkorps südlich von Memel ans Kurische Haff vor, drohten die Stadt einzuschnüren und zu überrennen. Doch daraus wurde vorerst nichts: Vor der Küste war Vizeadmiral Thieles Kampfgruppe aufgefahren, diesmal auch mit dem Schweren Kreuzer »Lützow«, dessen Hauptartillerie sechs 28-cm-Rohre waren. Die gewaltige Feuerglocke der Schiffsartillerie gab den schwer kämpfenden Truppen Halt, die Front blieb schließlich vor Memel stehen – ein auch für die Marine bedeutsamer Erfolg, denn für die Versorgung der in Kurland stehenden Armee wurden die Hafenanlagen von Memel noch dringen gebraucht.

Kurz bevor die Kampfgruppe Thiele zum Landzielschießen vor Memel ausgelaufen war, hatte sie die Meldung bekommen, daß vor Memel das deutsche Schulschiff »Nordstern« (1127 BRT) gesunken sei, »nach Unterwasserexplosion, wahrscheinlich Torpedotreffer«. Das konnte nur eines bedeuten: Sowjetische U-Boote waren in die offene Ostsee vorgedrungen. Jahrelang hatten sie das nicht gekonnt, und ebensowenig hatten die Überwasser-Schiffe der an sich starken sowjetischen Ostseeflotte eine Möglichkeit gehabt, den in fast friedensmäßiger Ruhe über die Ostsee laufenden deutschen Transportverkehr zu stören.

Das war so, weil die Kriegsmarine weit im Norden, im Finnischen Meerbusen, seit dem Spätsommer 1941 etwas betrieb, was man einen erbitterten Grabenkrieg zur See nennen könnte. Jener nur 100 Kilometer breite Meeresarm zwischen Finnland und Estland war nahe am östlichen Ende durch eine gewaltige Minensperre abgeriegelt worden. Diese »Seeigel« genannte Sperre begann am finnischen Ufer östlich von Hamina, führte von dort südwestwärts zu der Insel Hochland, von dort südwärts zu der Insel Groß-Tütters und von da in einem ostwärts gerichteten Bogen zu der Halbinsel Kurgalski am Südufer.

»Grabenkrieg zur See«? Es war nicht damit getan, diese riesige Minensperre dorthin zu packen, sie mußte in der Tat verteidigt werden wie an Land die Gräben einer Hauptkampflinie. Unentwegt versuchten die Russen, die Sperre aufzubrechen, ebenso unentwegt mußte die Sperre abpatrouilliert werden, um sowjetische Minensucher und -räumer zu verjagen.

Aber dafür waren die Russen in der Luft überlegen, genauer, die deutsche Luftwaffe war nicht in der Lage, den Schif-

Ansichten von der Ostseeküste aus dem Jahre 1945. Bild linke Seite oben: Die im aussichtslosen Kampf in Kurland stehenden deutschen Truppen haben nur noch eine Hoffnung - ihre Evakuierung durch die Kriegsmarine. Bilder ganz oben: Die Rettung ist da. Verwundete Soldaten aus dem Kurlandkessel gehen in Libau an Bord der „Preußen". Bild oben: das Geleit sammelt sich zur Abfahrt, das Wetter ist „bestens": kalt und trübe, wie geschaffen zur Sichtbehinderung sowjetischer Piloten.
Bild linke Seite unten: Diese Flüchtlinge haben sich keinen Platz auf einem Schiff erobern können. Menschen und Pferde sind erschöpft. Und der Übergang über die breite Eisfläche des Haffs auf die rettende Nehrung steht noch bevor.

fen hinter der Sperre den nötigen Luftschirm zu geben. Und so versuchten die Russen, die Wächter an der »Seeigel«-Stellung durch unablässige Angriffe von Bombern und gepanzerten Schlachtflugzeugen von Typ IL 2 zu zermürben und zu verscheuchen.

Die Streitmacht des »Kommandierenden Admirals östliche Ostsee«, Konteradmiral Böhmer, bestand aus drei Minensuch-Flottillen mit zusammen 20 Booten der Typen 35 und 40. Diese Schiffe waren eigentlich nur dem Namen nach Minensucher; sie waren gut bewaffnet, schnell und kampfkräftig. Unterstützt wurden sie von einer Räum-Flottille mit 15 wendigen, flachgehenden R-Booten. Dann waren da noch an die 40 Marinefährprähme für Transportaufgaben, weitere 17 Prähme, die mit Flakwaffen bis zu 10,5 cm armiert waren und deshalb »Artilleriefähren« hießen, und eine Menge LATs und SATs (Leichte bzw. Schwere Artillerie-Träger), das waren Küstenmotorschiffe, die mit Flak (LAT) und manche auch zusätzlich mit einer 12,7-cm-Kanone (SAT) ausgerüstet waren. Wegen der unterschiedlichen Bewaffnung fuhren gemischte Verbände den Wachdienst an der Sperre: etwa 3 M-Boote des 35er Typs mit zwei 10,5 cm, 3 M-Boote des 40er Typs mit nur einer 10,5, aber mehr leichter Flak, dazu ein halbes Dutzend R-Boote und einige LATs. Jeweils 4 Tage stand so ein Verband hinter der Sperre, dann wurde er abgelöst – und das war auch nötig, denn die vier Tage hatten es in sich. Die Russen versuchten es zumeist mit Zermürbungstaktik: Sie flogen den Wachverband unablässig an, immer nur mit ein paar Maschinen, drei, vier, höchstens fünf. Und die erreichten, was sie wollten, nämlich, daß die Deutschen wie die Wilden auf sie schossen – es blieb ihnen ja nichts anderes übrig. Und, wenn nach dem x-ten Angriff das Abwehrfeuer merklich kürzer und dünner wurde, weil die Munition zur Neige ging, dann kamen sie mit 30, 40, 50 Bombern – wer dann keine Munition mehr hatte, war übel dran.

Nicht einmal nachts hatten die Besatzungen Ruhe: Zum einen kamen dann alle möglichen Hilfsschiffe mit Munitionsnachschub, zum anderen warfen die Russen aus hoch fliegenden Bom-

bern wahllos Bomben ins Meer – nicht, um irgendwas zu treffen, sondern nur, um auch die Freiwache auf den deutschen Schiffen um den Schlaf zu bringen.
Der Kampf war hart, dort an der Minensperre; er ging nicht ohne Verluste ab. Die »Seeigel«-Stellung wurde gehalten, wuchs sogar, denn wenn es den Russen ab und an gelang, den Minenriegel an der Ostseite anzuknabbern, dann wurde eben auf der Westseite eine neue Lage Minen vor die Schwachstelle gepackt.
So ging es bis in den Sommer 1944. Zuletzt freilich war die sowjetische Luftüberlegenheit so groß, daß die inzwischen durch Torpedoboote und sogar Zerstörer verstärkte Wächterflotte nur noch bei Nacht operieren konnte, den Tageswachdienst übernahmen U-Boote. Dann aber, als in der sowjetischen Sommeroffensive die Südküste des Finnenbusens verlorenging, wurde die Lage kritisch.
Der Durchbruch, d.h., das Freiräumen einer Schneise, gelang den Russen Anfang August auf halber Höhe zwischen Groß-Tütters und der estnischen Küste. Am Abend des 17. August lief von der finnischen Seite die 6. Torpedoboot-Flottille aus, die vier großen Boote T 30, T 22, T 23 und T 32, alle mit Minen vollgeladen, mit denen sie das Loch schliessen sollten. Sie rauschten, warum ist nie geklärt worden, in das eigene Minenfeld. T 30, T 32 und etwas später T 22 sanken nach Minentreffern, nur T 23 (Kommandant Kapitänleutnant Weinling) entkam der Katastrophe.
Aber auch ohne diesen Donnerschlag hätte die »Seeigel«-Sperre kaum viel länger gehalten werden können, denn Anfang September mußte Finnland den ungleichen Kampf gegen die Sowjetunion einstellen, und damit gingen der Marine auch die letzten Stützpunkte im Finnischen Meerbusen verloren ohne Basis an Land aber kann keine Marine erfolgreich operieren. Der Finnenbusen mußte aufgegeben werden, der Kampf verlagerte sich in die mittlere Ostsee: Nun mußte jeder Transport nach und von Kurland einzeln gegen U-Boote, Schnellboote und Luftangriffe gesichert werden. Noch im Herbst 1944 überwogen militärische – Transporte, Waffen

Bild oben: Flüchtlinge aus Ostpreußen nach ihrer Ausschiffung im Hafen von Kopenhagen. Bilder linke Seite: Auch dieser Schlepper möchte beizeiten aus der Gefahrenzone kommen und schließt sich einem Konvoi nach Westen an (oben); zur Sicherung eines Flüchtlingstransports läuft dieses U-Boot aus (Mitte); die „Potsdam", einst ein schmucker Ostasien-Schnelldampfer (unten), ist Anfang 1945 nur noch ein Schatten ihrer selbst. Trotzdem bringt sie noch in sieben Einsätzen 53.891 Menschen in Sicherheit.

und Material hin, Verwundete zurück –, wenn man von den ersten, von der Marine initiierten Flüchtlingstransporten aus Memel absieht. Das änderte sich schlagartig, als am 12. Januar 1945, allen gegenteiligen Überzeugungen Hitlers zum Trotz, abermals eine gewaltige russische Offensive losbrach.

Den ganzen Herbst über wäre Zeit gewesen, die Bevölkerung Ostpreußens auf dem Landweg in die relative Sicherheit des Reichsinnern zu bringen. Doch die Parteioberen verhinderten das in unentschuldbarer Verantwortungslosigkeit. Erst als die Russen kamen, begann die Flucht, begannen die Trecks hastig, desorganisiert und die kämpfende Truppe behindernd, westwärts zu ziehen, versuchten verzweifelte Reichsbahner, Zug um Zug voller verängstigter Menschen nach Westen durchzubringen.

Doch nur ein kleiner Teil kam durch von den knapp 2 Millionen Zivilisten, die bei Beginn des Angriffs in Ostpreußen lebten, allenfalls ein Achtel, etwas über 200 000. Dann, vom 23. Januar an, führte kein Weg mehr nach Westen, jedenfalls kein direkter. Denn an diesem bitterkalten Wintertag – Nachttemperatur unter 20 Grad – erreichten die Panzerspitzen von Rokossowskis Heeresgruppe (»2. Weißrussische Front«) Elbing. Ostpreußen war – fast – abgeschnitten.

Nur noch ein Weg war offen: der über die Frische Nehrung, zu erreichen über das zugefrorene Haff. Und so zogen denn die Wagenkolonnen im schneidenden Schneesturm über das Eis. Aber sie kamen nicht bis auf die Nehrung, kurz davor stockte der Zug – eine Fahrrinne für Schiffe war in das Eis gebrochen.

Das hing mit drei nagelneuen Torpedobooten zusammen, die auf der Schichau-Werft in Elbing gerade fertig geworden waren, als die Russen vor der Stadt standen. Den Russen durften sie keinesfalls überlassen werden, und sprengen mochte man die kampfkräftigen Schiffe auch nicht. Deshalb wurde ein Eisbrecher losgeschickt, der eine 30 Meter breite Rinne durch das Haff-Eis brach, bis nach Pillau, 65 Kilometer lang.

Durch diese Rinne fuhren am Abend des 25. Januar die drei T-Boote, jedes mit 1000 Menschen an Bord. Am Nachmittag hatten die Russen die Bahnlinie Elbing-Marienburg-Dirschau, über die bis dahin noch Flüchtlingstransporte liefen, westlich von Elbing unterbrochen. Die Züge, die nicht mehr durchkamen, wurden nun zum Hafen umgeleitet, auch die Elbinger selbst strömten dorthin, jegliches schwimmfähige Objekt wurde flottgemacht, vom Haffdampfer bis zum Sportboot.

Drei Tage lang währte der Schiffsverkehr in der Fahrrinne Elbing-Pillau; es fuhren auch noch Schiffe nach Elbing, um den vor der Stadt kämpfenden Truppen Nachschub zu bringen. Für die über das Eis Flüchtenden war der Schiffsverkehr ein bitteres Ärgernis: Immer wieder mußten die Notbrücken über die Fahrrinne eingezogen und dann mühsam wieder ausgebracht werden. Am 28. Januar aber fiel Elbing, der Schiffverkehr hörte auf, die Notbrücken fro-

ren fest. Endlich konnten nun die Elendstrecks auf insgesamt sechs Eisstraßen einigermaßen zügig zur Nehrung kommen und dann an der Küste entlang südwärts hetzen, nach Danzig.
Inzwischen quoll die kleine Hafenstadt Pillau am Nordende der Nehrung vor Flüchtlingen aus den ostpreußischen Kerngebieten fast über. Aber im Hafen lagen vier große Schiffe: der KdF-Liner »Robert Ley« (27 288 BRT), die beiden Afrika-Liner »Pretoria« (16 662 BRT) und »Ubena« (9523 BRT) und der Essberger-Dampfer »Duala« (6133 BRT), alles Wohnschiffe der U-Boot-Lehrdivisionen. Die Marine hatte sie, obschon viel zu spät vom Führerhauptquartier alarmiert, rechtzeitig freigegeben und seeklar machen lassen. Die Schiffahrtsabteilung der Seekriegsleitung, meistens kurz »Seetra« (Seetransporte) genannt, hatte für Kohle gesorgt, die 9. Sicherungsdivision Geleitschiffe bereitgestellt. Und so konnten die vier Schiffe und noch zwei aus Königsberg, »General San Martin« (11 251 BRT) und »Der Deutsche« (11 453 BRT), schon am 25. Januar Pillau verlassen, mit zusammen rund 25 000 Menschen – Flüchtlingen und Verwundeten – an Bord.
Aber nicht nur mit großen Schiffen wurde das Rettungswerk betrieben; die Marine kratzte in diesen Wochen alles zusammen, was auch nur einigermaßen seegängig war. Handels- und Versorgungsschiffe aller Arten und Sorten wurden notdürftig für den Transport von Menschen hergerichtet, man konnte die ohnehin erschöpften Menschen ja nicht einfach in die eiskalten Laderäume von Frachtern hineinstellen. Kleine und kleinste Fahrzeuge, im Marinejargon »Dergls« genannt, die an die Bootsstege der Dörfer auf der Nehrung heranfahren konnten, klaubten dort, in Neukrug und Kahlberg, Menschen auf, brachten sie nach Danzig, kehrten um, holten weitere.
In Pillau, wo sich mehr und mehr Menschen stauten, wurde die Ernährungslage kritisch. Da fiel der Marine-Intendantur ein, daß Memel, das noch verteidigt wurde, aber dieser Tage aufgegeben werden sollte, für viele Monate verproviantiert war. Die Vorräte sollten bei der Räumung in die Luft gejagt werden – heller Wahnsinn angesichts der Zehntausende, die in Pillau zusammenströmten und denen man ja auch für eine mehrtägige Seereise etwas mitgeben mußte So wurden zwei der neuen großen Torpedoboote, T 33 und T 35, losgeschickt; eingedenk der Tatsache, daß deutsche Militärbürokratie auch in der schlimmsten Katastrophe pingelig zu bleiben pflegt, waren die Boote mit sämtlichen erdenklichen Anforderungspapieren samt vorgeschriebenen Unterschriften ausgestattet. Und das wirkte dann auch: Einen Tag später kehrten sie zurück, über und über beladen mit Mehl- und Reissäcken, Fettkisten, Trockenfrüchten.
Die Seetra hatte inzwischen in die Einschiffungshäfen – Pillau, Danzig-Neufahrwasser, Gotenhafen – Einschiffungsoffiziere geschickt, um den sprunghaft anschwellenden Menschenumschlag zu organisieren. Einer davon war der Oberleutnant zur See Heinrich Schuldt, im Zivilberuf Handelsschiffskapitän. Am 1. Februar traf er in Neufahrwasser ein. Er berichtet: »Am Eingang zum Freihafen bot sich mir ein unbeschreibliches Bild. Der ganze, viele hundert Meter lange Südkai lag voller Küstenfahrzeuge und Fährprähme. Überall stiegen Flüchtlinge an Land. Dazwischen humpelten Verwundete. Auf dem Kai stand, saß und lief al-

Bilder linke Seite: Die „Cap Arkona", einst Favorit auf der Südamerikaroute (oben), ist 1945 total verrostet und nahezu manövrierunfähig, und die „Monte Rosa" (unten) hat ein großes Leck. Aber als die Fünfzehntausend aufwachen, die sich auf diesen „Seelenverkäufern" drängen, sind sie schon in Sicherheit. Bild ganz oben: Diese Flüchtlinge aus Danzig werden in Kiel schon unter Aufsicht britischer Soldaten ausgeschifft.

Bild oben: Sie sind am Kriegsende übriggeblieben. Die traurige Bilanz: Von 863 deutschen U-Booten, die am Feind standen, konnte der Gegner 781 versenken oder in Besitz nehmen, 42 fielen Unglücksfällen zum Opfer und 81 wurden bei Luftangriffen aufU-Boot-Basen und durch Minen vernichtet. Von rund 40.000 Mann Besatzung starben an die 30.000 auf See; rund 5000 wurden von alliierten Schiffen geborgen und gingen in Kriegsgefangenschaft.

les durcheinander. Wie in einem großen mittelalterlichen Heerlager. Später haben wir festgestellt, daß es weit über 10 000 waren.« Schuldts größte Sorge: Alle diese Menschen brauchten, bis sie – zunächst noch mit der Bahn – weitertransportiert werden konnten, ein Dach über dem Kopf. Gleich neben dem Kai waren riesige Lagerschuppen. Sie standen so gut wie leer.
Eigenhändig brach Heinrich Schuldt die Schlösser an den Schuppen auf. Binnen Tagen waren mit Unterstützung einer Handvoll Helfer die Schuppen in ein wohlorganisiertes Durchgangslager mit Küche, Lazarett usw. verwandelt, das zeitweilig bis zu 40 000 Menschen beherbergte.
Unterdes rückte überall die Front näher an das Meer heran, in den Bereich der Schiffsartillerie. Und überall, wo es nur möglich war, fuhren die Schweren und Leichten Kreuzer auf und halfen mit ihrer Artillerie den Kameraden an Land. Nach Danzig und Gotenhafen strömten nun auch aus westlicher und südlicher Richtung Flüchtlinge: Die sowjetische März-Offensive war in weitem Bogen durch Pommern hindurchgestoßen, an vielen Stellen bis zur Küste, so daß sich auch dort Kessel bildeten, die ans Meer angelehnt waren und evakuiert werden mußten – so bei Stolpmünde, Rügenwalde und vor allem Kolberg. Die Stadt, zur Festung erklärt, »die bis zum letzten Mann« zu halten sei, war seit 6. März von allen Landverbindungen abgeschnitten – und vollgestopft mit Flüchtlingen. Rund 50 000 waren noch vor der Einschließung abtransportiert worden, teils über See, teils auch noch über Land; nun, zu Beginn der Schlacht, waren immer noch über 80 000 in der Stadt, die von nicht mehr als knapp 4000 Soldaten – Reste zerschlagener Einheiten – unter Oberst Fullriede gehalten werden sollte.
Und sie halten, obwohl sie nur sechs beschädigte Panzer und eine einzige 8,8-Batterie als schwere Waffen haben, elf Tage lang dem Ansturm dreier Divisionen und mehrerer Panzerverbände stand, was allerdings nur möglich ist, weil die Zerstörer Z 34 unter Korvettenkapitän Hetz und Z 43 unter Fregattenkapitän Lampe abwechselnd vor der Stadt auf der Reede liegen und mit ihren

je fünf 15-cm-Rohren fortwährend da Luft schaffen, wo es nötig ist.
Im Höllenlärm des Kampfes pendeln Fährprähme zwischen dem Hafen und kleinen Transportschiffen, auch die Zerstörer nehmen, wenn sie zum Nachmunitionieren ablaufen, jeweils 100 bis 1500 Menschen mit. So werden aus Kolberg bis zum 15. März noch über 70 000 Menschen herausgeholt; am Abend dieses Tages sind keine Frauen und Kinder mehr in der brennenden Stadt, wohl aber noch einige tausend nicht kampffähige Männer, d.h., alte und verwundete, und der Rest von Oberst Fullriedes verzweifelt kämpfender Truppe. Ihrer aller Schicksal scheint besiegelt: Die Russen stoßen bis zur Stadtmitte durch und nehmen die Einschiffungspunkte unter Feuer. Es dauert eine Weile, bis es gelingt, die russischen Batterien auszumachen; dann werden sie von Z 34 in mehrstündigem Feuer niedergekämpft. Sofort schickt der Einschiffungsoffizier, Fregattenkapitän Kolbe, die Fährprähme wieder los; auch der Zerstörer nimmt immer mehr Menschen auf. »An Bord kann sich kaum noch ein Mensch bewegen«, notiert Kommandant Hetz im Bordbuch, »nur der Platz um die Geschütze ist frei.« Über 2000 Menschen mag er an Bord haben, aber der Zerstörer läuft nicht ab, er hat noch reichlich Munition, und die wird gebraucht.
Nicht nur das, Hetz funkt noch Z 43 und das große Torpedoboot T 33 herbei, denn sie wollen auch die Reste der Truppe, die durch ihren Verzweiflungskampf die Rettung der Zehntausende ermöglicht hat, aus der Feuerhölle herausholen. Die drei Schiffe halten mit ihrem massiven Feuerschirm schließlich nur noch einen anderthalb Kilometer breiten und einen halben Kilometer tiefen Strandstreifen; schießen sich an den Rändern in direktem Gefecht mit russischen Panzern herum (denen das schlecht bekommt). Im frühen Morgengrauen des 17. März holen die Verkehrsboote der Zerstörer die letzten Kämpfer vom Strand, kaum einer unverletzt, als allerletzten den Oberst Fullriede.
Pommern war verloren, aber noch gab es deutsche Brückenköpfe weit, weit östlich. Noch stand eine Armee in Kurland und hielt den Hafen Libau, am Frischen Haff wurde ein Kessel um Heiligenbeil gehalten, noch war der Hafen Pillau, und noch wenn auch der sowjetische Ring darum immer enger wurde – auch das Gebiet Weichseldelta-Danzig-Gotenhafen-Hela in deutscher Hand. Doch der Druck des Feindes war übermächtig; auch der pausenlose Einsatz der großen Schiffe konnte nicht verhindern, daß alle diese Kessel und Brückenköpfe schrumpften.
In Danzig-Neufahrwasser kam das Ende am 25. März; das letzte Schiff, das mit mindestens 4000 Menschen an Bord auslief, war die »Ubena«. Dann waren die Schuppen, durch die in kürzester Zeit 500 000 Menschen geschleust worden waren, leer.
Gotenhafen fiel am 28. März. Nördlich davon, auf der Oxhöfter Kämpe, einem Höhengelände direkt an der Küste, kämpften noch die Reste des VII. Panzerkorps, rund 30 000 Mann. Doch ihr Kampf war sinnlos geworden, sie schützten niemanden mehr, und so gab der Oberbefehlshaber der 2. Armee, General v. Saucken, trotz gegenteiliger Order aus dem Führerbunker, schließlich das Stichwort aus, auf das die Marine schon wartete: »Walpurgisnacht«. Der sorgfältig vorbereitete Abtransport des VII. Panzerkorps begann im Schutze der Nacht vom 4. zum 5. April. Der Führer der 9. Sicherungsdivision, Fregattenkapitän v. Blanc, hatte dazu alles aufgeboten, was er an Fährprähmen, Kriegsfischkuttern und sonstigen Kleinschiffen greifen konnte, und es gelang in einem Zeitraum von nur fünf Stunden, die 30 000 Männer und sogar noch einiges Gerät nach Hela hinüberzuholen.
Hela, die langgestreckte bewaldete Halbinsel vor der Danziger Bucht, 32 Kilometer lang, aber nur 1 bis 2 Kilometer breit und deshalb leicht zu verteidigen, wurde von nun an zum Dreh- und Angelpunkt aller Rettungsaktionen. Denn noch immer hielt sich in Ostpreußen der Kessel von Heiligenbeil mit dem Hafen Pillau und Teilen der Frischen Nehrung. Von dort querte ein nicht abreißender Strom von Schiffen die Danziger Bucht; der Weg Pillau-Hela war nicht weit, nur 38 Seemeilen (70 km), die Schiffe konnten mehrmals täglich hin- und herfahren. Auch von Libau kamen noch Schiffe, und so füllten sich die Kiefernwälder der Halbinsel mehr und mehr mit Menschen. Der kleine Fischerei- und Kriegshafen an der Spitze der Halbinsel konnte grosse Transportschiffe nicht aufnehmen, die Menschen mußten umgeladen werden, und das unter den immer heftiger werdenden Angriffen der Roten Luftwaffe. Pausenlos feuerte die Schiffsflak, hielt die Wirkung der Angriffe relativ gering. Was Marinesoldaten und die Handelsschiffer – die großen Transporter fuhren überwiegend mit ziviler Besatzung – in diesen Tagen leisteten, zeigt eine einzige Zahl: Im April wurden von Hela über 350 000 Menschen abtransportiert, Tag für

Aus dem Befehl von Großadmiral Dönitz an alle Marineeinheiten vom 7. Mai 1945: „Nach Einwilligung in die bedingungslose Kapitulation aller deutschen Streitkräfte sind Versenkungen von Schiffen und Zerstörungen von militärischen und nichtmilitärischen Anlagen unbedingt zu unterlassen.“ Das war das Schlußwort zum Kampf der deutschen Kriegsmarine im Zweiten Weltkrieg. Bild rechte Seite: das gehobene Wrack des am 9. April 1945 bei einem Luftangriff auf Kiel zerstörten Kreuzers „Admiral Scheer“. Bild oben: „Prinz Eugen“, hier in Kopenhagen, zählte zu den wenigen deutschen Überwasserschiffen, die bei Kriegsende nicht auf dem Meeresgrund lagen.

Tag über 10 000! Und auch als das Reich zusammenbrach, Hitler sich erschoß und Großadmiral Dönitz Staatschef wurde, endete das Rettungswerk nicht. Denn Dönitz sah für sich und sein Amt nur zwei Aufgaben: 1. den Krieg so schnell wie möglich beenden und 2. die Rettung deutscher Menschen aus dem Osten so lange wie möglich fortführen. Es gelang Dönitz, zunächst eine Teilkapitulation gegenüber den Engländern zu erreichen und die Gesamtkapitulation bis zum 9. Mai hinauszuzögern – neun Tage, in denen, so der Befehl, »in See befindliche Transporte der Kriegsmarine weiterlaufen«.
Alles, was an Schiffsraum noch verfügbar war, wurde nun in die Ostsee geworfen, die letzten Treibstoffreserven wurden freigegeben, mit dumpf röhrenden Turbinen liefen nun auch die großen Zerstörer der Narvik-Klasse wieder aus, die wegen ihres gewaltigen Öldursts zuletzt stillgelegen hatten.
Obwohl es von Tag zu Tag schwieriger wurde, die Menschenfracht im Feuer der Russen aufzunehmen und auch sie im Westen abzuladen, holte die Marine in den letzten neun Tagen noch 27 000 Flüchtlinge aus Libau, 65 000 von Hela, 66 000 aus Swinemünde und 44 000 aus den Häfen der mecklenburgischen Küste und von Rügen, zusammen noch einmal über 200 000!
Dann kam der bittere Augenblick, in dem, wegen der Bedingungen des Waffenstillstandes, das Rettungswerk eingestellt werden mußte, ehe es vollendet war: Die Soldaten, die bis zuletzt die Brückenköpfe verteidigt hatten, blieben zurück: etwa 60 000 auf Hela, 20 000 im Weichseldelta, 100 000 in Ostpreußen, 200 000 in Kurland.
Trotzdem hatten Kriegs- und Handelsmarine in der Zeit von Mitte Januar bis 9. Mai 1945, in 115 Tagen, nach allervorsichtigsten Schätzungen mindestens zwei Millionen Menschen über See in Sicherheit gebracht, davon etwa 1,3 Millionen Flüchtlinge, 450 000 Verwundete und 250 000 Soldaten.
Die Verluste, die dabei unvermeidlich waren, braucht man nicht zu schätzen, sie sind exakt registriert worden und waren, trotz dreier schlimmer Katastrophen (»Wilhelm Gustloff«, »Goya«, »General v. Steuben«), erstaunlich gering: Weniger als 1 Prozent, nicht ganz 20 000 Menschen, kamen auf dem Weg nach Westen noch ums Leben.
Die Rückführung von mehr als 2 Millionen über See war, nach dem übereinstimmenden Urteil deutscher wie britischer und amerikanischer Historiker, die größte und erfolgreichste Rettungsaktion aller Zeiten.

INHALT

Bildquellen: „Der Adler“, Verlag August Scherl Nachf., München; Erich Andres, Hamburg; „Berliner Illustrierte“, Ullstein Verlag/Deutscher Verlag, Berlin; Peter Blachian, München; „Deutschland im Kampf“, Verlagsanstalt Otto Stolberg, Berlin; „Die Deutsche Wehrmacht“, Cigaretten-Bilderdienst, Dresden; „Die Kriegsmarine“, Heinrich Beenken Verlag, Berlin; „Die Wehrmacht“, Verlag Die Wehrmacht, Berlin; Gente, Guerra Civile, Mailand; „Geschichte des großen vaterländischen Krieges der Sowjetunion“, Deutscher Militärverlag, Berlin; Walter Hackl, Wien; „Hitler baut Großdeutschland“, Zeitgeschichte Verlag, Berlin; „Hitler im Westen“, Zeitgeschichte Verlag, Berlin; „Illustrierte Zeitung“, Verlag von J.J. Weber, Leipzig ; Imperial War Museum, London; „Männer und Waffen des deutschen Heeres“, G. Grote Verlag, Berlin; „Mit Hitler in Polen“, Zeitgeschichte Verlag, Berlin; Lothar Rübelt, Wien; Hans Schaller, Berlin; „Signal“, Deutscher Verlag, Berlin; Rolf Steinberg, Berlin; „Unser Weg zum Meer“, Verlag Die Wehrmacht, Berlin; U.S. Army Historical Collection, Washington; U.S. Navy War Photographs, „U.S. Camera“, New York; „Wir haben es nicht vergessen“, Polonia Verlag, Warschau; Archiv Zentner, München; des weiteren andere zeitgenössische in- und ausländische Publikationen und Bildarchive der am Krieg beteiligten Nationen.

2. Auflage
Originalausgabe

Umschlaggestaltung: Werbeagentur Zeuner, Ettlingen
Umschlagfoto: Archiv VPM
Text und Redaktion: Jochen Brennecke, Dieter Dürk, Mathias Färber, Fritz Langour, Karl Ludwig Opitz, Horst Gunther Tolmein, Gunter Stein
Druck und Bindung: Printer Portuguesa
Printed in Portugal 1996
ISBN 3-8118-4221-8